실천적 크리스천으로 살아가기

실천적 크리스천으로 살아가기

1판 1쇄 인쇄 2016년 1월 25일
1판 2쇄 발행 2020년 6월 5일

지은이 김서택
발행인 한동인
펴낸곳 (주)씨뿌리는 사람

등록번호 제2006-4호
주　　소 경기도 이천시 부발읍 아미리 725
　　　　　　(서울사무소) T. 741-5181, 4 F. 744-1634

책값은 뒤표지에 있습니다.
ISBN 978-89-90342-36-2 93230

Web www.kclp.co.kr
Mobile-Web m.kclp.co.kr
e-mail kclp@kclp.co.kr

"천국은 마치 사람이 자기 밭에 갖다 심은 겨자씨 한 알 같으니
이는 모든 씨보다 작은 것이로되 자란 후에는 나물보다 커서 나무가 되매
공중의 새들이 와서 그 가지에 깃들이느니라"(마 13:31-32).

공급처 기독교문사 도매부 T. 741-5181~3 F. 762-2234

실천적 크리스천으로 살아가기

김서택

씨뿌리는사람

Prologue

프롤로그

최근 우리 크리스천들은 교회에서 많은 말씀을 듣고 훈련을 받아서 이론적으로는 많은 지식을 가지고 있지만 실천적인 면에서는 실패하는 부분이 많습니다. 즉 우리는 예수를 주로 믿으면 구원받는다는 것을 알고 있고, 또 성경에 대한 많은 지식을 가지고 있습니다. 그러나 오늘 많은 크리스천들은 세상에서 믿지 않는 사람들과 섞여서 사는 가운데 도덕적인 문제나 돈 문제에서 걸려 넘어집니다. 심지어는 교인들을 신앙으로 지도하는 교역자들 조차도 이성 문제나 돈 문제나 성 문제로 많은 사람들에게 지탄을 받고 있습니다. 이것은 이론적으로는 많은 것을 알고 있지만 실천적인 신앙에 대해서는 훈련이 되어 있지 않았기 때문입니다.

그런 점에서 야고보서는 아주 흥미 있는 책입니다. 왜냐하면 야고보서는 그야말로 우리 신앙의 실천적인 문제를 전문적으로 다루고 있는 서신이기 때문입니다.

저는 목회를 하면서 야고보서를 많이 강해하였습니다. 제가 야고보서를 강해할 때마다 성도들이 실천적인 문제에 대하여 많은 도움을 받고 실력이 생기는 것을 볼 수 있었습니다. 즉 야고보서는 우리가 많이 당하는 고난의 문제나 말에 대한 문제 혹은 신앙의 이론과 실제에 대한 문제, 욕심이나 야망에 대한 문제나 돈 문제 그리고 기도의 응답 등에 대하여 아주 구체적으로 다루고 있습니다.

저는 야고보서를 대하면서 현대 크리스천들이 복잡하고 어려운 현실에서 이길 수 있도록 완전히 새롭게 설교할 필요를 느끼고 있었습니다. 그래서 교인들이 실제적인 신앙에서 도움을 받을 수 있도록 야고보서를 새로운 관점에서 보고 설명하게 되었습니다.

부족한 저의 설교집을 기꺼이 책으로 출판하셔서 많은 목회자들과 성도들과 나눌 수 있게 해 주신 기독교문사 한동인 사장님과 직원들에게 깊은 감사를 드립니다. 이 부족한 설교집이 교회에서 교인들에게 말씀을 전하시는 주의 귀한 종들과 하루하루 힘들게 세상과 싸우며 살아가는 성도님들께 실제적인 도움이 될 수 있기를 바랍니다.

대구 수성교 옆에서

김서택 목사

Contents 차 례

프롤로그		04
실천 01	약 1:2-3	고난은 성숙하게 한다	09
실천 02	약 1:12	속사람의 가치	22
실천 03	약 1:17	너무나도 좋으신 하나님	34
실천 04	약 1:22-27	아름다운 자신의 모습	47
실천 05	약 2:1	나 자신에 대한 평가	61
실천 06	약 2:8-9	최고로 중요한 기준	77
실천 07	약 2:14	살아 숨쉬는 신앙	91
실천 08	약 2:21-26	믿음은 신념이 아니다	105

실천 09	약 3:2	최고의 기술은 무엇인가?	121
실천 10	약 3:5	세상에는 없는 지혜	134
실천 11	약 4:1-5	욕망의 방향	149
실천 12	약 4:6-10	능력의 노하우	164
실천 13	약 4:11-17	현실을 직시하기	178
실천 14	약 5:1-2	인생의 함정	191
실천 15	약 5:13-14	기도는 최고의 능력	205

실천 01

Practicing Christian

고난은 성숙하게 한다

| 약 1:2-3 |

운동선수들이 세계적인 스포츠 스타가 되기 위해서는 남들이 보지 않는 시간에 피나는 훈련을 해야 합니다. 우리나라 여자 양궁은 올림픽 때마다 금메달을 휩쓸고 있는데 여자 양궁 선수들이 받는 훈련은 매우 혹독하기로 유명합니다. 즉 그들은 해병대에 입소해서 남자들과 똑같이 지옥훈련을 받습니다. 그리고 야구장에 가서 꽹과리를 두들겨 대는 응원단 옆에서 소음 적응 훈련을 받는데, 그런 훈련을 받아야 바람이 불거나 사람들이 소리를 질러도 흔들리지 않고 활을 정확하게 쏠 수 있습니다.

그리고 요즘 우리나라 여자 골프 선수들이 세계 대회를 휩쓸고 있는데, 그 비결도 기량과 정신력을 다지기 위해 전지훈련을 하는 등 연습을 많이 하기 때문이라고 합니다. 사람들의 기량은 거의 비슷한데 남보다 훈련을 많이 하는 사람이 근육이 유연해지고 기량이 높아지기 때문에 뛰어난 실력을 발휘할 수 있는 것입니다.

그러나 운동선수들이 무조건 고생을 많이 한다고 해서 실력이 향상되는 것은 아닙니다. 실력이 있는 코치나 감독을 만나서 체계적으로 훈련을 하면서 고생을 해야 실력이 향상되는 것입니다. 하지만 선수가 게을러져서 훈련을 제대로 하지 않으면 기량이 떨어지고 자신감을 잃으면서 경기 중에 부상을 입거나 성적이 저조하여 운동선수로서 실패합니다.

우리는 예수 믿는 사람들로서 모두 행복하게 살기를 원합니다. 그런데 이해할 수 없는 것이, 하나님은 우리를 사랑한다고 하면서 가난하게 하시고, 못살게 하시고, 고생하게 하시는 것입니다. 이때 우리는 세 가지 생각을 하게 됩니다. 그 하나는 '나는 예수는 잘 믿을지 몰라도 세상적으로는 무능하구나' 라고 생각하는 것입니다. 그리고 우리는 '내 믿음이 부족해서 복을 받지 못하는구나' 라는 생각을 하게 됩니다. 즉 예수를 믿지만 복을 받지 못하는 이유가 믿음이 부족하거나, 아니면 믿음이 효력이 없기 때문이라고 생각하는 것입니다. 그렇지 않으면 '하나님이 나를 사랑하지 않으시는가 보다' 라고 생각합니다.

그런데 성경은 절대로 그런 것이 아니라고 말씀하고 있습니다. 즉 하나님은 최고의 코치로서 우리를 강도 높은 훈련을 시키고 있다는 것입니다. 우리나라의 특수부대는 장비도 좋고 기량이 뛰어난 대원들을 선발하여 혹독한 훈련을 시키므로 세계적으로 그 명성을 인정받고 있습니다. 이들은 흔들리는 헬기 안에서 움직이는 표적을 맞추거나 출렁이는 배 위에서 파도에 흔들리는 목표물을 맞추기 위해 맹훈련을 한다고 합니다. 그렇기 때문에 몇 년 전에 우리나라 배가 소말리아 해적에게 납치되었을 때 특수부대가 출동해서 해적을 모두 소탕할 수 있었던 것입니다.

　옛날에는 왕자나 큰 부잣집의 아들 중에 간혹 무능하고 세상 물정을 모르는 사람들이 있었습니다. 이런 사람은 아무리 신하들이나 하인들이 충고를 하고 조언을 해도 절대로 듣지 않고 처음부터 끝까지 망하는 일만 골라서 하다가 결국에는 자신만이 아니라 다른 사람들의 인생까지 다 망치고 말았습니다. 하나님께서는 우리가 그런 미련한 부잣집 아들이 되는 것을 원치 않으십니다. 하나님은 우리 한 사람 한 사람이 세상의 재력이나 지식을 가지고 거들먹거리기보다는 하나님이 믿을 수 있는 최고의 사람들이 되기를 원하십니다. 하나님은 고난을 통해서 그런 사람이 되는 훈련을 시키시는 것입니다.

1. 고난을 기뻐하는 사람들

　사실 이 세상에서 환난과 고통을 좋아하는 사람은 아무도 없습니다. 사람은 정신적, 육체적으로 고통을 당하면 불쾌한 감정과 스트레스를 촉진하는 뇌의 영역을 자극해서 기분이 나빠지고 몸을 보호하기 위해서라도 그 고통을 피하려는 행동을 하게 됩니다. 그래서 젊은이들은 모두 군대에 가서 훈련받는 것을 싫어합니다. 그런데 금융 계통의 어느 회장님은 군생활 34개월 동안 일곱 부대를 거치면서 사회생활에 필요한 밑거름을 얻었다고 하면서, 지금도 힘들 때면 군 시절을 떠올리곤 한다고 말을 했습니다. 그는 대학을 졸업하고 장교로 입대하라는 권유를 뿌리치고 수송병으로 입대했는데, 훈련받을 때에는 거의 매일 고무호스로 맞는 등 하루하루가 고역이었다고 했습니다. 그는 주로 통신 장비를 싣고 다니는 트럭을 운전했는데 버스부터 시작해서 대형 트럭까지 차라는 차는 다 몰아 보았다고 했습니다. 그 후 그는 자신감을 가지게 되었는데 그때부터는 어떤 어려운 일에 맞닥뜨려도 군대에서 견뎌냈던 것을 생각하면서 어려움을 극복할 수 있었다고 말을 했습니다. 사실 이 세상에서 성공한 사람 중에 고생을 해 보지 않은 사람은 한 사람도 없을 것입니다.

야고보 사도는 주님을 대신해서 모든 그리스도인들에게, "내 형제들아 너희가 여러 가지 시험을 당하거든 온전히 기쁘게 여기라"(약 1:2)라고 말하고 있습니다. 여기서 "시험"이라는 것은 많은 환난이나 고통을 말합니다. 우리는 모두 예수 믿고 난 후에 하나님이 나를 사랑하신다는 사실을 알게 되었습니다. 그리고 우리는 하나님이 우리를 사랑하시기 때문에 우리에게 모든 행복과 좋은 것들을 다 주실 것이라고 기대합니다. 그런데 하나님이 우리를 잘살게 하지는 않고 고생하게 하시고 많은 고통을 받게 하실 때 신앙생활에 균열이 생기기 시작하는 것입니다.

그런데 야고보 사도는 우리 성도들에게 여러 가지 시험이나 고통을 당할 때 온전히 기쁘게 여기라고 말하고 있습니다. 여기서 "여러 가지 시험"은 그야말로 우리에게 닥쳐오는 시험이 다양한 것을 말합니다. 즉 시험이 닥칠 때는 한두 가지로 끝나는 것이 아니라 끝없이 이어지는데 이것을 온전히 기쁘게 받아들이라는 것입니다. 그런데 사실 이 세상에서 환난과 고통을 즐겁게 받아들일 수 있는 사람은 단 한 명도 없습니다. 사람들이 환난과 고통 가운데 기뻐할 수 있는 것은 그 환난과 고통이 자기에게 유익이 되었기 때문인 것입니다.

그런데 왜 야고보 사도는 여러 가지 시험을 당할 때 온전히 기쁘게 여기라고 말하고 있는 것일까요? 우선 이 세상에서 정말 의미 없는 고통이 있습니다. 예를 들어 어떤 사람이 등산을 하다가 길을 찾지 못해서 밤새 산을 헤매고 다녔다면 그가 고생한 것은 아무 소용이 없는 것입니다. 또 어떤 사람이 불량배나 치한에게 걸려들어서 두들겨 맞거나 많은 피해를 입었을지라도 그 환난과 고통은 그렇게 큰 의미가 있는 것이 아닙니다.

그런데 의미가 있는 고생이 있습니다. 자신은 그 의미를 알지 못하지만 다른 사람이 목표를 세우고 계획을 세워서 나를 훈련시켜 주었을 때 그 고생은 그 의미가 있는 것입니다. 예를 들어 군대나 사관학교에서 생도나 훈련병들을 훈련시키는 것은 계획에 따라서 훈련을 시키는 것이기 때문에 훈련 과정을 이수하고 나면 훌륭한 군인이 되는 것입니다. 그래서 요즘은 신입사원 교육을 아주 강하게 하는 회사들이 많이 있습니다. 그 교육 프로그램 중에는 어려운 미션을 수행해야 하는 것도 있고, 야간 등산도 있습니다. 심지어는 해병대 캠프에 입소시켜서 불굴의 투지와 강한 자신감을 갖도록 훈련을 시키는데 그 모든 과정을 마치면 회사에 대한 애착도 생기고, 직무를 잘 감당할 수 있는 실력도 생기는 것입니다. 이런 경우 교육이나 훈련을 받는 기간에 너무 힘이 들어서 포기하고 싶을 때가 많이 있지만 다 끝내고 나면 잘했다는 생각이 듭니다.

그런데 만일 이 세상에서 최고로 뛰어난 연주자나 학자나 운동선수가 단 한 명의 제자를 받아들여서 훈련을 시키는 기회가 있다면 최고의 연주자나 학자나 운동선수가 되고 싶은 사람은 아무리 고생이 될지라도 불평 한 마디 없이 기쁨으로 그 훈련을 받을 것입니다. 우리가 예수를 믿는 것은 이 세상 전체를 뛰어넘어 최고의 실력과 최고의 인격을 가지신 하나님의 제자가 되는 것입니다. 그래서 야고보 사도는 우리가 예수를 믿을 때 대충대충 믿을 생각을 하지 말라고 말하고 있는 것입니다. 즉 우리는 최고의 실력과 최고의 능력을 가지신 하나님의 제자가 되었기 때문에 어떤 환난과 고통이 오더라도 기쁨으로 감당하라는 것입니다.

어떤 부자 청년이 예수님을 찾아와서, "내가 무슨 선한 일을 하여야 영생을 얻으리이까"(마 19:16)라고 물었습니다. 그때 예수님은, "네 소유를 팔아 가난한 자들에게 주라…그리고 와서 나를 따르라"(마 19:21)라고 말씀하셨습니다. 그러나 그 부자 청년은 많은 재산을 소유했으므로 근심하면서 돌아갔습니다. 예수님은 제자들에게, "누구든지 나를 따라오려거든 자기를 부인하고 자기 십자가를 지고 나를 따를 것이니라"(마 16:24)라고 말씀하셨습니다. 세상의 좋은 것들을 다 가지고 있으면서 가능한 한 고통은 받지 않으려고 하면 물론 천국에는 갈 수 있지만 최고의 제자는 되지 못하는 것입니다.

2. 끝까지 인내

사실 사람들은 어려움이나 고통이 계속될 때 모든 것을 다 때려치우고 그 상황에서 벗어나고 싶어 합니다. 학생들이 시험 공부를 하는 중에 졸음이 쏟아지면 어떤 학생은 끝까지 참고 공부를 하지만 어떤 학생은, "에리, 모르겠다!"라고 하면서 공부를 포기하고 잠자리에 듭니다. 그러면 시험은 망칠 수밖에 없습니다. 그리고 군인들이 훈련을 받을 때 훈련이 너무 고되다고 다 때려치우고 총을 들고 탈영을 하여 집에 와 버리면 난리가 납니다. 또 어떤 환자가 치료를 받다가 병이 빨리 낫지 않는다고 약을 끊고 술이나 실컷 마시면서 건강을 돌보지 않는다면 결국 그의 병은 더 깊어질 것입니다.

우리 예수 믿는 사람들에게 어떤 어려움이 닥쳤을 때 우리는 이 어려움이 의미 없는 고생이라고 생각하기 쉽습니다. 그러나 우리 믿는 사람들에게 닥치는 환난과 고통은 하나님이 계획하신 것인데 하나님은 그 훈련을 통해서 우리를 더 아름답고 능력 있는 축복의 성도로 만들려고 하시는 것입니다.

예를 들어 이 세상에 많은 질그릇이 있지만 그 중에 명품 도자기는 아무나 만들 수 있는 것이 아닙니다. 막 사용하는 질그릇은 아무 흙이나 가지고 대충 만들면 되지만, 명품 도자기를 만들기 위해서는 좋은 흙을 구하러 다녀야 하고 뛰어난 기술을 가진 장인이 모양을 만들고 그늘에서 말린 후에 유약을 칠하고 가마에 넣어 고온에서 구워내야 합니다. 그 과정에서 조금이라도 실수를 하면 그릇에 금이 가거나 얼룩이 생겨서 깨뜨려 버려야 합니다. 그런데 하나님은 우리를 명품 도자기로 만들려고 하시기 때문에 우리는 이 시련들을 끝까지 견디어내야 하는 것입니다.

> "이는 너희 믿음의 시련이 인내를 만들어 내는 줄 너희가 앎이라 인내를 온전히 이루라 이는 너희로 온전하고 구비하여 조금도 부족함이 없게 하려 함이라"_약 1:3-4

그러므로 우리 그리스도인들은 환난을 당했을 때 하나님을 원망하거나 불평하지 말아야 합니다. 어려움이 왔을 때 원망하고 불평하면 명품이 될 수 없는 것입니다. 우리는 어려움이 왔을 때 자기 자신과의 싸움에서 승리해야 합니다. 마귀는 우리에게 지금 고생하는 것은 시간 낭비이기 때문에 다 때려치우고 네 기분대로 하라고 합니다. 그때 우리는 '이 환난은 하나님이 주신 것이고, 나는 이 시험을 통해서 보석같이 변한다' 고 자신을 설득해야 합니다. 어려움을 피하거나 자기 멋대로 행동하는 사람은 절대로 명품이 될 수 없습니다.

본문에 보면 "인내를 온전히 이루라"라고 말씀하고 있습니다. 이 말은 쉽게 말하면 끝까지 인내하라는 뜻입니다. 즉 믿음은 자기 생각이나 충동대로 행동하는 것이 아닙니다. 믿음은 끝까지 인내하는 것입니다.

옛날에 가마솥에 밥을 짓던 시절에는 솥에 쌀을 안치고 나서 배가 고파도 밥이 될 때까지 참고 기다려야 했습니다. 만일 그것을 참지 못하고 솥뚜껑을 열면 밥이 설익어서 맛있는 밥을 먹을 수 없었습니다.

믿음도 마찬가지입니다. 하나님의 말씀을 가지고 갈 데까지 가는 것입니다. 그런데 하나님의 말씀을 붙들고 따라가다 보면 바보가 되는 것 같고, 왕따가 되는 것 같고, 곧 망할 것 같은데 그럼에도 끝까지 갔을 때 하나님의 뜻이 온전하게 나타나는 것입니다.

운동선수들 중에서 특히 달리기 선수나 수영 선수들은 경기를 할 때에 너무 숨이 차서 주저앉고 싶고 그만두고 싶은 마음이 굴뚝 같을 것입니다. 그러나 선수들이 우승의 영광을 차지하기 위해서는 턱까지 차오르는 숨을 참고 끝까지 달려야 하는 것입니다. 이것은 우리도 마찬가지입니다. 우리가 자신의 한계를 벗어나서 거의 죽게 되었을 때 그때 비로소 하나님의 뜻이 나타나는 것입니다. 그래서 입으로 믿는 종교나 돈으로 모든 것을 해결하려고 하는 신앙은 아무 가치가 없습니다.

본문 말씀을 보면 두 가지 약속을 하고 있는데, 하나는 '믿음의 시련이 인내를 만든다'는 것입니다. 즉 머리로는 도저히 감당할 수 없을 것 같은 것도 믿음으로 부딪쳐 보면 감당하게 된다는 뜻입니다. 이때 하나님은 사랑과 능력을 우리 속에 부어 주시는데 이것이 바로 신앙의 진수입니다.

그리고 또 하나는 이렇게 해야 '온전하고 구비하여 조금도 부족함이 없는 신앙이 된다' 는 것입니다. 즉 우리가 더 이상 숨을 쉴 수 없고 살 수 없는 과정을 통과하면서 인간이 가진 모든 못된 본성들이 다 빠져나가는데 이때 하나님의 명품이 만들어지는 것입니다.

그런데 우리가 당하는 환난이나 고통이 최고의 훈련이 되게 하려면 반드시 붙들어야 하는 것이 있습니다. 그것은 바로 하나님의 말씀입니다.

> "너희 중에 누구든지 지혜가 부족하거든 모든 사람에게 후히 주시고 꾸짖지 아니하시는 하나님께 구하라 그리하면 주시리라"_약 1:5

이것은 자칫하면 우리가 당하는 환난과 고통이 무의미한 고통이 될 수도 있다는 뜻입니다. 예를 들어 어떤 사람이 등산을 하는 중에 길을 잃어서 온 산을 헤매는 것도 환난이 될 수 있지만 그것은 무의미한 고생입니다. 우리가 당하는 환난이나 고생이 나를 최고의 명품으로 만드는 훈련이 되게 하려면 최고의 말씀을 찾아서 들어야 하는 것입니다.

우리는 대개 환난이 오면 환난을 피하는 방법이나 혹은 환난을 적게 받을 수 있는 방법을 알려고 할 것입니다. 그런데 본문에서는 '지혜를 구하라' 고 말씀하고 있습니다. 여기의 '지혜' 는 하나님의 말씀을 의미합니다. 우리는 환난이 닥쳤을 때 다른 것을 붙들면 망합니다. 사람을 붙들거나 자기의 혈기를 붙들거나 머리를 붙들면 망합니다. 무조건 하나님의 말씀을 붙들어야 합니다.

이 세상 맨 밑바닥에서 하나님의 말씀을 붙들면 어떤 일이 일어납니까? 하나님의 말씀이 살아 있는 것을 깨닫게 됩니다. 즉 어떤 때에는 하나님의 말씀이 나에게 속삭이기도 하고, 어떤 때에는 벼락치는 소리를 내기도 합니다. 우리가 하나님의 말씀이 살아 있다는 것을 발견하는 것이 최고의 발견입니다. 이것이 되면 우리는 하나님과 소통할 수 있으며, 기도 응답을 체험하게 되고, 부흥이 일어납니다.

이때 우리는 "사람이 떡으로만 살 것이 아니요 하나님의 입으로부터 나오는 모든 말씀으로 살 것이라"(마 4:4)라는 말씀의 뜻이 무엇인지 체험을 하게 됩니다. 이 체험이 없는 사람은 모든 것을 돈으로 해결하려고 합니다. 그러나 하나님의 말씀이 살아 있는 것을 체험하면 돈은 부수적인 것이 됩니다. 왜냐하면 우리에게는 무한한 하나님의 능력이 열리기 때문입니다.

이때 기도하면 병이 낫습니다. 이때 합심기도하면 기적이 일어납니다. 그리고 이때 많은 사람들의 마음에 부흥이 일어납니다. 바로 이것이 고난 중에 말씀을 붙들었을 때 하나님이 주시는 축복입니다.

이때 하나님은 우리 한 사람 한 사람에게 현실을 꿰뚫어보는 통찰력을 주십니다. 우리가 그전에 알던 말씀들은 이론적인 말씀이었고 현실적인 말씀이 아니었습니다. 그러나 고난을 통과한 말씀은 구체적이고 현실적이며 실제로 써먹을 수 있는 말씀입니다.

여기서 하나님은 '후히 주시고 꾸짖지 아니하신다' 고 말씀하고 있습니다. 하나님은 우리가 말씀을 붙들고 기도할 때 응답을 주시고, 능력을 주시고, 축복을 주십니다. 그리고 말씀도 무한정으로 부어 주셔서 통찰력이 있는 사람이 되게 하십니다.

요셉은 처음에 하나님이 주신 꿈을 꾸었지만 그것은 어디까지나 이론적인 말씀이었습니다. 요셉의 꿈은 형들의 분노만 살 뿐이었습니다. 그래서 형들은 요셉을 죽이려고 했고, 나중에는 종으로 팔아

버렸습니다. 결국 요셉은 애굽에서 종살이를 하면서 인내를 온전히 이루었습니다. 그때 요셉이 붙든 하나님의 말씀은 살아 있는 말씀이 되어서 요셉으로 하여금 7년 대흉년을 예언하게 했고 그 흉년에서 모든 나라 사람들과 가족을 살리게 했습니다.

이 점에서 요셉의 지혜는 솔로몬의 지혜를 능가하는 지혜였습니다. 솔로몬의 지혜는 경영학적인 머리가 뛰어난 것이지 믿음의 지혜는 되지 못했습니다.

3. 의심하는 사람들

신앙은 눈에 보이지 않는 것을 믿는 것입니다. 거기에 비해서 이 세상에 있는 것들은 눈에 보이는 것들이고 확실한 것들입니다. 그래서 사실 믿음이 좋다고 하는 사람들도 전부 세상 것들을 붙들고 살아갑니다.

우리는 세상을 보고 또 하나님을 보면 헷갈릴 때가 많이 있습니다. 세상을 붙들고 사는 사람들을 보면 하나님의 말씀을 믿고 고난받는 것이 천하의 바보 같고 못난이 같습니다. 그리고 마귀는 지금 시간 낭비를 하고 있다고 속삭입니다. 이때 하나님의 말씀과 사람의 말 사이에서 왔다 갔다 하면 그야말로 죽도 밥도 안 됩니다. 귀중한 시간만 엉뚱한 데 낭비하는 것입니다.

"오직 믿음으로 구하고 조금도 의심하지 말라 의심하는 자는 마치 바람에 밀려 요동하는 바다 물결 같으니 이런 사람은 무엇이든지 주께 얻기를 생각하지 말라"_ 약 1:6-7

바닷가에 가 보면 나무토막이나 스티로폼 조각 같은 것들이 파도에 밀려 왔다 밀려 가는데 나중에 보면 그것들이 모두 바닷가로 밀려와 있습니다. 이런 것들은 물결에 흔들리기는 하지만 앞으로 나아가는 추진력이 없는 것입니다. 마찬가지로 우리가 이 세상을 살아가는 것은 쪽배를 타고 큰 바다를 건너는 것과 같습니다. 그런데 이때 만일 배를 앞으로 나아가게 할 수 있는 동력이 없으면 아무리 힘을 써도 배는 앞으로 나아가지 않고 제자리에서 맴돌게 됩니다. 이처럼 우리로 하여금 세상의 파도를 이기고 앞으로 나아가게 하는 것은 하나님의 말씀밖에 없는 것입니다.

예수님께서 오병이어의 기적을 행하신 후에 제자들에게 먼저 배를 타고 갈릴리 바다를 건너 가버나움에 가 있으라고 말씀하시고는 사람들의 눈을 피해 혼자 산으로 올라가셨습니다. 그동안 제자들이 탄 배는 바다를 항해하고 있었는데 밤이 되자 바람이 강해지면서 풍랑이 일기 시작했습니다. 그때 예수님께서 물 위를 걸어오셨는데 베드로는 자기도 물 위를 걷게 해 달라고 요청을 하여 예수님을 향해 걸었습니다. 그러나 베드로는 거센 바람이 불어오는 것을 보고 두려움에 사로잡혀서 그만 물에 빠져 들어갔습니다. 이처럼 우리는 환난 중에 자신을 보면 의심이 생기고, 그때 사탄은 우리에게 '더 늦기 전에 지금이라도 세상으로 나가라' 고 속삭입니다. 우리에게는 이런 의심이 찾아올 때가 너무나도 많습니다.

회당장 야이로는 딸이 몹쓸 병에 걸려 죽게 되자 딸을 살리기 위해 백방으로 뛰어다니다가 예수님을 찾아와서 고쳐 주기를 간청하고 예수님을 모시고 그의 집으로 향합니다. 그런데 길을 가는 도중에 하인들이 달려와 딸이 죽었다는 소식을 전했습니다. 이 얼마나 절망스러운 순간입니까? 그러나 예수님은 두려워하지 말고 믿기만 하라고 하셨습니다. 시련이 왔을 때 하나님의 말씀을 붙잡지 않고 자꾸 세상으로 나가려고 하는 사람은 바다 물결과 같다고 했습니다. 바다 물결은 열심히 출렁거리기 때문에 많이 움직이는 것 같지만 실제로는 그 자리에서 맴돌고 있는 것입니다. 이스라엘 백성은 광야에서 40년 동안 걸었지만 결국 원점으로 돌아오고 말았습니다. 우리는 하나님의 말씀이 없으면 앞으로 나아갈 수가 없습니다.

그리고 우리는 두 마음을 품으면 주님으로부터 아무것도 얻을 수 없습니다. 즉 우리가 이 세상에서 성공한다는 것은 우리의 생각처럼 쉽지 않습니다. 우리가 물결을 헤치고 나가려면 끝까지 하나님의 말씀 하나만 붙들고 나가야 하는 것입니다. 그러면 우리는 하나님의 능력으로 인생 밑바닥에서 위로 올라오게 됩니다.

마귀도 철저하게 세상적으로 살다가 화끈하게 지옥에 가는 사람들을 좋아합니다. 믿는 것도 아니고 안 믿는 것도 아닌 사람들은 고생은 고생대로 하고 하나님의 축복은 받지 못합니다. 출애굽한 이스라엘 백성은 항상 두 마음을 품었습니다. 그래서 모세를 원망하면서 늘 애굽으로 돌아가려고 했습니다. 그 결과 이스라엘 백성은 광야에서 고생이라는 고생은 다 하고 결국 가나안 땅에 들어가지도 못했습니다.

실천 02

Practicing Christian

속사람의 *가치*

| 약 1:12 |

  1895년에 독일의 과학자 빌헬름 뢴트겐이 사람의 눈에는 보이지 않지만 인간의 몸을 투과하여 몸 속의 모습을 보여 주는 광선을 발견했습니다. 뢴트겐은 이 광선의 이름을 '알 수 없다' 라는 의미로 '엑스선' 이라고 지었습니다. 그리고 뢴트겐은 이 발견으로 최초의 노벨 물리학상을 수상했습니다. 이 발견은 현대 과학이나 현대 의학의 발전에 획기적인 일이었던 것입니다. 지금도 병원에서 질환을 진단하는 방법으로 가장 많이 쓰이고 있는 것이 엑스선 촬영일 것입니다. 엑스선이 발견되기 전까지만 해도 의사들은 환자의 몸 속에 있는 뼈가 붙었는지 부러졌는지 혹은 암 덩어리가 있는지 없는지를 알려면 직접 메스로 몸을 열어서 확인하는 수밖에 없었습니다. 그러나 엑스선이 발견됨으로 고통이나 통증이 없이 사람의 몸 속을 볼 수 있게 되었습니다.

이렇듯 사람의 몸 속을 볼 수 있는 방법은 개발되었지만 아직 사람의 마음을 볼 수 있는 방법은 개발되어 있지 않습니다. 경찰에서 피의자의 진술이 거짓말인지 아닌지를 판별하기 위해 거짓말 탐지기를 사용하기도 하지만 아직 우리는 사람의 내면을 들여다볼 수 없습니다. 결국 우리가 다른 사람의 속마음을 알려면 그 사람의 행동이나 말을 통하여 알 수밖에 없는 것입니다. 그래서 옛날 속담에 "열 길 물속은 알아도 한 길 사람의 속은 모른다"라고 한 것입니다.

그래서 사람들은 다른 사람이 나의 속마음을 알지 못한다면 나의 생각대로 살아가면 될 것이라고 생각합니다. 그러나 성경은 절대로 그렇지 않다고 말씀하고 있습니다. 성경은 외모보다 속사람이 훨씬 중요하다고 말씀하고 있습니다. 그런데 문제는 사람의 속 모습은 볼 수도 없고, 또 사람들이 알아주거나 인정해 주지도 않는 것입니다.

1. 사람의 가치

학교에서 공부하는 학생들을 보면 모두 잘생기고 머리도 좋은 것 같은데 대학교에 들어갈 때에는 어떤 학생은 시험에 합격하고, 어떤 학생은 떨어집니다. 또 운동선수들도 유니폼을 입은 것을 보면 모두 운동을 잘 할 것 같은데 어떤 선수는 경기 성적이 좋아서 엄청나게 좋은 대우를 받고, 어떤 선수는 형편없는 대우를 받습니다. 또 기업에서도 직원이라고 해서 모두 똑같은 대우를 받는 것이 아닙니다. 어떤 직원은 연봉을 많이 받고, 어떤 직원은 연봉을 적게 받거나 심지어 퇴직을 강요당합니다. 똑같은 사람인데 나름대로 가치를 평가하는 것입니다.

유교의 창시자인 공자는, 사람들 중에는 군자도 있고 소인배도 있는데 소인배는 자기의 이익을 위해서 살지만 군자는 인(仁)을 위해서 산다고 말을 했습니다. 여기서 공자가 말하는 인은 다른 사람에 대한 배려이고 사랑이고 의리입니다. 그러나 공자의 사상은 당시 사람들에게 인정받지 못했습니다. 그래서 공자는 50대에 15년 가까이 유랑 생활을 하면서 굶기도 하고 모욕을 당하기도 하고 맞아 죽을 위기도 겪다가 고향으로 돌아옵니다.

고대 그리스의 철학자 소크라테스는 "참된 지혜가 무엇이냐?"라는 질문을 가지고 세상에서 성공했다는 정치가나 시인이나 기술자를 만나서 집요하게 캐물어 그가 결국 아무것도 아는 것이 없다는 것을 실토하게 만들었습니다. 이로 인해 소크라테스는 사람들의 미움을 사서 아테네 법정에서 추방 또는 사형을 선고받는데 그의 친구나 제자들이 도망을 치라고 권유함에도 도망은 비겁한 짓이라고 믿고 독미나리 사약을 먹고 죽습니다.

공자나 소크라테스는 당시에는 실패한 사람들이었습니다. 그러나 오늘날 사람들은 공자나 소크라테스의 정신세계의 가치를 인정해서 그들을 존경하고 그들의 사상을 배우려고 합니다. 그런데 이들의 외모는 정말 못생겼습니다. 공자는 덩치가 2미터가 넘는 거구인데 머리 한가운데가 푹 꺼져서 짱구 같은 모습이었다고 합니다. 그리고 소크라테스는 "소크라테스를 닮았다"라는 말이 추남을 상징하는 말로 통용될 정도로 추남이었습니다. 그러나 사람들은 그들의 내면의 아름다움을 알았기 때문에 아무도 그들을 무시하지 못했습니다.

대만의 화련에서는 옥과 대리석이 많이 생산됩니다. 그래서 화련에서는 옥으로 만든 장식품을 많이 파는데 그 중에 대표적인 것이 옥배추입니다. 그런데 정부에서는 옥을 보존하기 위해 법으로 채굴을 금지하고 있는데 원주민들은 밤에 옥을 채굴할 수 있다고 합니다. 그들은 캄캄한 밤에 돌과 옥을 어떻게 구별할 수 있을까요? 그들은 망치로 때려서 소리로 구별을 한다고 합니다. 돌은 망치로 때리면 둔탁한 소리가 나지만 옥은 맑고 은은한 소리가 나는 것입니다.

그러면 도대체 사람은 어떻게 하면 가치 있는 사람이 될 수 있을까요? 사람을 아름답고 멋있게 포장하는 방법은 세 가지가 있습니다. 즉 권력을 가지거나 돈을 가지거나 지식을 쌓는 것입니다. 그러나 우리는 오랜 인간 역사를 통해서 역시 이런 것들은 사람의 겉모습을 멋있게 포장하는 것이지 속사람까지 바꾸는 것은 아닌 것을 알 수 있습니다. 우리의 부모님들은 대개 자식을 진정으로 가치 있게 만드는 것은 공부이고 성공하는 것이라고 말을 하면서 어떻게 해서든 자녀들을 공부시키려고 애를 썼습니다. 지금도 대다수의 사람들은 공부와 세상의 성공이 사람을 가치 있게 만든다고 믿고 있습니다. 그러나 성경은 절대로 그렇지 않다고 말씀하고 있습니다.

사람들은 대개 시련을 통해서 속사람이 달라집니다. 그런데 어떤 사람은 시련을 통해서 더 강해지지만 더 악해지는 사람도 있습니다. 하나님께서는 시련에 대하여 우리 믿음의 형제자매들에게 두 가지를 말씀하고 있습니다. 그 하나는 우리에게 가난이나 어려움이 오는 것이 결코 나쁜 것이 아니라는 것입니다. 오히려 우리에게 가난이나 큰 시련이 오는 것은 믿음의 큰 부자가 될 수 있는 기회인 것입니다. 그렇기 때문에 우리에게 어려움이 왔을 때 남들과 비교해서 원망하고 불평하면 그 신앙은 가치 없는 신앙이 되고 맙니다. 우리에게 어려움이 왔을 때 우리 속을 믿음과 하나님의 말씀으로 채워야 합니다. 그러면 우리는 엄청난 보석으로 변하는 것입니다. 그리고 하나님께서는 믿음의 형제나 자매들 중에서 세상에서 성공해서 많은 것을 가지고 있다고 생각하는 사람은 자신에 대하여 좀 더 진지하게 생각해 보는 시간을 가지라고 말씀하고 있습니다. 왜냐하면 우리에게는 지금 이 세상에서 가진 것보다 훨씬 중요한 것이 있기 때문입니다.

"낮은 형제는 자기의 높음을 자랑하고 부한 자는 자기의 낮아짐을 자랑할지니"_약 1:9-10 상

예수 믿는 사람들이 가장 많이 당하는 어려움이 있다면 그것은 아마도 경제적인 어려움일 것입니다. 예수 믿지 않는 사람들은 돈도 많이 벌고 가진 것도 많아서 큰소리를 치면서 사는데 열심히 예수 믿는 나는 집도 없고 직장도 시원찮고 가진 것도 없다면 왜 하나님은 나를 이렇게 가난하게 하시고 물질 문제로 많은 고통을 당하게 하실까 하는 의심이 생기는 것입니다.

특히 우리나라 사람들은 빈부를 가지고 사람의 가치를 판단하는 경우가 많아서 돈이 많은 부자는 축복을 받은 자 또는 실력이 있는 자라고 생각합니다. 즉 사람들은 부자가 된 것 자체를 복이라고 생각하는 것입니다. 반면에 가난한 사람은 실력이 모자라거나 운이 나쁘거나, 심지어는 무능한 사람으로 생각합니다.

그런데 성경을 보면 "낮은 형제는 자기의 높음을 자랑하고"라고 말씀하고 있습니다. 여기서 '낮은 형제'는 물질적으로 가난한 그리스도인을 말합니다.

대개 가난한 성도들은 자기가 믿음이 없고 능력이 없어서 하나님의 복을 받지 못했기 때문에 가난하다고 생각하기 쉽습니다. 그러나 성경은 꼭 그런 것만은 아니라고 말씀하십니다. 하나님은 우리를 사랑하셔서서 믿음에 부요한 자로 만들기 위해서 가난하게 하신 것입니다.

즉 모든 축복은 하나님이 주시는 것인데 우리 인간은 너무 미련하고 어리석어서 돈이나 명예가 전부인 줄 알고 그것만 붙잡으려고 할 때가 많습니다. 이것은 마치 어린아이가 유리구슬이나 장난감이 최고의 보물인 줄 알고 그런 것들만 많이 가지려고 하는 것과 같습니다. 그러나 아이들이 밖에 나가서 아무리 구슬을 많이 따와도 엄마는 귀찮고 성가시다고 그 아까운 구슬을 다 버릴 것입니다.

그래서 하나님께서는 우리에게 믿음을 주시고 말씀을 주시기 위해서 우리가 누리고 있는 것들을 빼앗아 가실 때가 많이 있습니다. 하나님은 우리에게 더 좋은 것을 주시기 위해서 때로는 재산을 빼앗아 가기도 하시고 혹은 건강을 빼앗아 가기도 하시고, 직장을 빼앗아 가기도 하시는 것입니다. 그래서 세상적으로 볼 때에 실패한 것처럼 보이는 자들도 믿음의 눈으로 보면 가장 부요한 자일 수 있습니다. 특히 이때 하나님 앞에서 말씀을 붙드는 자가 가장 높은 자입니다. 하나님께서는 그런 사람을 가장 귀하게 생각하십니다. 그러므로 우리는 물질적으로 어려울 때가 믿음에서는 가장 부요할 수 있는 기회라는 것을 생각해야 합니다. 그때 하나님은 우리 인생 전체를 보물 덩어리가 되게 하시는 것입니다.

그 대신에 야고보 사도는 부요한 자들에 대해서는 자신의 낮아짐을 자랑하라고 말하고 있습니다. 일단 세상에서 부요한 것이 하나님이 우리를 사랑하셔서 주신 것은 틀림이 없습니다. 우리는 열심히 노력해서 재산을 많이 모았거나 혹은 공부를 잘해서 지식을 쌓은 것을 반드시 나쁘다고 말할 필요는 없습니다. 그것은 전부 하나님께서 우리를 사랑해서 주신 것이기 때문입니다. 문제는 이것이 하나님의 복의 전부가 아니라는 것입니다. 하나님은 이런 물질적인 복들을 통해서 하나님이 나를 사랑하신다는 것을 깨닫게 하시고 더 큰 믿음으로 나아오라는 것입니다. 하나님은 부자가 되고, 공부를 많이 해서 세상 사람들에게 존경을 받고, 정치적으로 성공해서 권력을 가진 것을 통해서 하나님의 사랑을 깨닫고 더 열심히 기도하고, 더 열심히 설교를 듣고, 더 겸손하게 봉사하기를 원하시는 것입니다.

그런데 사실 그렇게 되기가 굉장히 어렵습니다. 왜냐하면 사람들은 자기가 가지고 있는 것으로 만족해 버리기 때문입니다. 그래서 돈이 많은 사람은 돈을 더 벌려고 예배도 건성으로 드리고, 지식이 많은 사람은 그것으로 설교의 내용을 분석하여 따지고 듭니다. 그리고 세상에서 지위가 높은 사람은 자기도취에 빠져서 다른 사람의 말을 들으려고 하지 않습니다. 그러나 이러한 것들은 자기 자신의 영혼에 손해가 되는 것입니다. 이것은 하나님 앞에서 불리한 것입니다. 그러나 사람들은 그러한 것에 만족하고 하나님을 더 가까이하려는 노력을 하지 않습니다.

하나님께서는 이 세상에서 인간들이 자랑하고 의지하는 복이 얼마나 일시적이고 보잘것없는 것인지 말씀하셨습니다.

"이는 그가 풀의 꽃과 같이 지나감이라 해가 돋고 뜨거운 바람이 불어 풀을 말리면 꽃이 떨어져 그 모양의 아름다움이 없어지나니 부한 자도 그 행하는 일에 이와 같이 쇠잔하리라"_약 1:10 하-11

봄이나 가을이 되면 아름다운 꽃들이 많이 핍니다. 그러나 꽃은 아름답기는 하지만 그 생명이 오래가지 않습니다. 또 풀은 비가 오고 나면 쑥쑥 자라서 온 세상을 다 덮는 것 같지만 가을에 첫 서리가 오고 나면 전부 누렇게 변해서 죽습니다.

우리 인생도 유년기에는 많은 꿈을 가지고 티 없이 맑게 살아갑니다. 그리고 청소년 때에는 싱싱하고 아름답습니다. 청년 때에는 미래가 있고 꿈이 있고 사랑이 있어서 무엇이든지 할 수 있을 것 같습니다. 그런데 그러한 사람들이 어느 순간이 지나면 정년퇴직을 해야 하고, 어느 순간이 지나면 노인이 되어 있는 것입니다.

그런데 돈이라는 것은 어떤 것인가요? 이상하게 돈이 벌릴 때는 신나게 돈이 들어오는 것 같은데 돈이 없어질 때에는 가물에 못이 마르듯이 없어집니다. 그리고 어떤 분은 돈이 너무 많아서 인생을 마칠 때까지도 그 돈을 다 쓰지도 못하고 죽습니다. 그래서 사람들은 죽기 전에 글을 써서 자기 이름이라도 남기려고 하지만 사실 그것도 아무 소용이 없는 짓입니다. 돈이나 지식이나 권력은 하나님이 무상으로 빌려 주신 것이지 영원히 자기 것이 아닌 것입니다. 하나님이 어느 날 갑자기 내가 빌려 준 돈이나 지식이나 권력을 반납하라고 명령하시면 우리는 한순간에 아무것도 가진 것이 없는 빈털터리가 되고 마는 것입니다. 우리는 영원히 내 것으로 남는 것을 가지고 있어야 하는데 우리는 그것이 무엇인지 모르고 살아가고 있습니다.

2. 하나님의 인정

우리가 진정으로 세상에서 가치 있는 사람이 되려면 다른 사람들에게 인정을 받아야 합니다. 우리나라에서 존경을 받던 종교인들은 모두 사람들에게 인정을 받은 사람들입니다. 그런데 대개 사람들에게 인정을 받는 기준은 두 가지인 것 같습니다. 그 하나는 그의 지위와 영향력입니다. 즉 추기경 같은 아주 높은 지위에 오른 분들은 대단한 영향력이 있는 것입니다. 그리고 또 하나는 청빈한 삶입니다. 즉 그분들은 돈을 모으려고 마음을 먹었다면 모을 수 있었을 텐데 뿔테 안경 하나 혹은 고무신 한 짝만을 남기는 청빈한 생활을 하셨고, 그래서 사람들은 그분들을 존경하는 것입니다.

그런데 이런 것을 보면 사람들이 얼마나 위선적인지 알 수 있습니다. 왜냐하면 일반인들은 그런 높은 자리에 올라갈 수 없기 때문입니다. 그들은 자기가 올라갈 수 없는 자리에 올라간 분을 동경하는 것입니다. 그리고 사람들은 자기는 절대로 가난하게 살고 싶어 하지 않습니다. 그럼에도 사람들은 청빈하게 산 인물들을 죽어라고 존경하는 것입니다. 물론 이분들은 보통 사람들과 생각하는 것이나 그릇이 다릅니다. 그러나 대중적인 존경이나 인기를 가지고 그 사람의 진정한 가치를 말할 수 없습니다. 왜냐하면 이런 사람들은 누구나 될 수 있는 것이 아니기 때문입니다. 다시 말해서 이런 사람들은 평범한 사람들이 아니었던 것입니다. 그런데 하나님께서 원하시는 사람은 평범함 속에서 가치 있는 사람들입니다.

"시험을 참는 자는 복이 있나니 이는 시련을 견디어 낸 자가 주께서 자기를 사랑하는 자들에게 약속하신 생명의 면류관을 얻을 것이기 때문이라"_약 1:12

개역한글 성경은 이 말씀을 다음과 같이 번역하였습니다. "시험을 참는 자는 복이 있도다 이것에 옳다 인정하심을 받은 후에 주께서 자기를 사랑하는 자들에게 약속하신 생명의 면류관을 얻을 것임이니라."

이 말씀은 사람의 내면적인 가치는 사람이 인정하는 것이 아니라 하나님이 인정하신다는 것입니다. 즉 이 세상에서도 권모술수나 처세에 능해서 성공하거나 높은 자리에 올라간 사람보다는 자기의 정신세계를 지키고 자기 철학을 지킨 사람을 더 존경할 것입니다. 그러나 사람의 진정한 가치를 판단하는 분은 오직 한 분 하나님밖에 없습니다. 왜냐하면 하나님만이 인간의 속마음을 보실 수 있기 때문입니다. 그렇기 때문에 사람이 자기 스스로 자신의 가치를 인정하는 것은 성경적인 가치를 따라가지 않은 이상 자기도취밖에 되지 않습니다. 그리고 세상 사람들이 인정하고 존경하는 것은 자기가 하지 못하기 때문에 존경하는 것이요, 대리만족인 것입니다.

그러면 하나님은 사람의 가치를 무엇으로 인정하실까요? 성경 본문에도 분명히 '하나님이 옳다 인정하시는 신앙'이 있다고 하였습니다. 물론 다른 사람에게 사랑을 많이 베푸는 것이 선행인 것은 틀림이 없습니다. 그런데 하나님께서 인간에게 아주 중요한 테스트를 하십니다. 그것은 바로 우리가 하나님의 말씀을 가지고 어느 정도까지 견디느냐 하는 것입니다. 그래서 우리는 믿음으로 살려고 할 때에 꼭 죽을 것 같은 위기를 만나게 됩니다. 그때 그 어려움 속에서 끝까지 견녀 낼 때 우리는 하나님께 인정을 받게 되는 것입니다.

3. 믿음으로 승리한 결과

우리 믿는 자에게 시련이 오는 것은 반드시 나쁜 것이라고 볼 수 없습니다. 하나님은 어려운 시련을 통해서 우리의 속사람을 보석으로 만드실 뿐 아니라 우리의 믿음을 시험하시기 때문입니다. 이때 우리는 끝까지 견뎌내야 합니다. 본문에도 "시험을 참는 자는 복이 있나니 이는 시련을 견디어 낸 자가 주께서 자기를 사랑하는 자들에게 약속하신 생명의 면류관을 얻을 것이기 때문이라"라고 말씀하고 있는 것입니다.

여기서 우리가 조심해야 할 것은, 어려운 시련이 왔을 때 불평하거나 불만을 토로하면 불합격된다는 것입니다. 즉 시련이 왔을 때 그 입에서 나오는 말이 그 사람의 신앙을 나타내는 것입니다. 그래서 어려움이 왔을 때 "제기랄!"이라고 말하면 '제기랄' 신앙이 되고, "빌어먹을"이라고 하면 '빌어먹을' 신앙이 됩니다. 그러므로 우리는 어려움이 왔을 때 신경을 써서 말을 해야 합니다.

출애굽 당시 이스라엘 백성은 하나님께 위대한 축복을 받을 수 있었음에도 원망하고 불평하는 바람에 40년 동안 광야 생활을 해야 했습니다. 우리가 하나님께 인정을 받으려면 불타는 사막을 아무 불평 없이 걸어갈 수 있어야 합니다. 그 뜨거운 더위에 물이 없어도 참고 있으면 반석에서 물이 터져 나오게 되어 있는 것입니다. 양식이 없어도 이슬과 함께 하늘에서 만나가 내려오게 되어 있는 것입니다.

하나님께서는 끝까지 하나님의 말씀으로 인내하는 자에게 생명의 면류관을 주겠다고 하셨습니다. 이 면류관은 올림픽 금메달이나 노벨상과 비교되지 않는 존귀와 영광의 면류관인 것입니다.

본문 말씀에서 "생명의 면류관"이라고 한 것은 우선 영원히 시들지 않는 면류관이라는 뜻이 있을 것입니다. 고대 그리스에서는 운동경기에서 우승한 사람들에게 월계수 잎으로 만든 월계관을 씌워 주었는데 이 면류관은 시드는 면류관이었습니다. 운동선수가 아무리 뛰어나다 하더라도 더 뛰어난 선수가 등장하면 옛날의 인기는 사라집니다. 그러나 믿음의 면류관은 영원히 없어지지 않습니다. 왜냐하면 어느 누구도 흉내 낼 수 없는 능력이 나타나기 때문입니다. 그뿐만 아니라 생명의 면류관이라는 것은 하나님께서 새로운 축복의 삶을 주신다는 뜻으로 생각할 수 있습니다. 시험을 당하고 연단을 받을 때에는 인생이 끝날 줄 알았는데 하나님께서 축복하셔서 다시 한 번 이 세상에서 멋진 삶을 살도록 기회를 주시는 것입니다. 이런 사람들은 하나님 앞에서 영원히 최고의 존귀와 영광을 누리게 됩니다.

우리 성도들이 하나님의 말씀을 붙잡은 것은 최고의 복을 잡은 것입니다. 절대로 중간에 실망하거나 사람들의 충동질에 흔들리지 말고 끝까지 인내해서 하나님 앞에서 최고의 상을 받는 성도들이 다 되시기를 바랍니다.

우리 믿는 사람들에게는 하나님의 길이 있고 하나님의 축복이 있습니다. 세상 사람들이 모든 것을 다 차지한다고 해도 나의 분깃이 있고 나의 기업이 있습니다. 우리가 그것을 믿고 끝까지 하나님을 붙잡을 때 하나님의 축복이 임하게 됩니다. 우리 모든 성도들은 하나님이 인정하시는 최고의 명품들이 다 되시기 바랍니다.

실천 03

Practicing Christian
너무나도 좋으신 하나님

| 약 1:17 |

어느 날 TV에서 다른 학생들은 모두 의자에 앉아서 교수의 강의를 듣는데 혼자 바닥에 엎드려서 강의를 듣는 여학생을 보았습니다. 이 여학생이 그렇게 강의를 듣는 이유는 불의의 추락 사고로 허리를 다쳐서 의자에 앉아 있을 수가 없기 때문이라고 했습니다. 그래서 그 여학생은 교수들에게 양해를 구하고 수업을 들을 때에 바닥에 돗자리를 깔고 엎드려서 강의를 듣는다는 것입니다. 사실 사람이 한 시간 동안 엎드려서 강의를 듣는 것은 아주 고통스러운 일인데 그 학생은 TV에서 시종일관 아주 밝게 웃는 모습을 보여 주었습니다. 저는 그 프로그램을 보면서, '이 학생은 굉장히 긍정적인 마음을 가졌구나' 라는 생각을 했습니다. 우리는 늘 당연하게 생각해서 별 생각 없이 마구 사용했는데 어느 날 그곳이 고장이 나거나 다치면 많은 고통을 받고 불편을 겪는 것입니다.

또 사람은 밤이 되면 당연히 잠을 자는 것으로 생각합니다. 어린이나 청소년들은 놀랍게도 눕기만 하면 잠을 자고, 끊임없이 잠을 잡니다. 그러나 그렇게 당연하게 생각했던 것이 어떤 사람에게는 당연하지 않은 것입니다. 불면증 환자는 별의별 방법을 다 사용해도 잠이 오지 않아서 나중에는 잠자리에 드는 것을 두려워합니다. 사람이 잠을 잘 수 없다는 것이 얼마나 큰 고통인지 모릅니다.

그리고 우리는 스위치를 누르면 당연히 불이 켜지고, 텔레비전 리모콘을 누르면 화면이 나오는 것으로 생각하고, 더울 때 에어컨을 틀면 찬바람이 나오는 것으로 생각합니다. 그런데 그것들이 고장이 나서 작동이 되지 않으면 얼마나 불편한지 모릅니다. 그러다가 아파트 단지에서 정전 사고가 발생해 전기 자체가 들어오지 않으면 전기가 들어올 때까지 캄캄한 방에 앉아서 아무것도 하지 못하고 있어야 합니다. 그때 우리는 비로소 과연 오늘 현대인들이 전기 없이 살 수 있을까 하는 생각을 하게 됩니다. 현대인들은 전기 없이는 살 수가 없습니다. 왜냐하면 우리가 사용하는 모든 것이 전기에 의해서 움직이고 있기 때문입니다.

마찬가지로 우리 인간이 누리고 있는 모든 혜택이나 축복은 우연히 생긴 것이 아니라 우리에게 이것을 주신 분이 있습니다. 우리가 누리고 있는 건강이나 아름다운 외모나 좋은 가정이나 직장 등은 우연히 생긴 것이 아니라 하나님이 우리에게 주신 것입니다. 그러나 우리는 그것을 느끼지 못하고 오히려 나에게 부족한 것을 가지고 불평을 할 때가 많습니다. 그 이유는 이 세상에 좋은 복이 많기는 하지만 늘 공평하게 분배되는 것이 아니고, 특히 나에게 부족한 것이 나를 고통스럽게 하기 때문입니다.

그런데 본문에서 하나님께서는 환난이 왔을 때 하나님이 나를 사랑하지 않으신다거나 혹은 변덕스러운 분이라고 생각해서는 안 된다고 말씀하고 있습니다. 왜냐하면 하나님은 우리에게 모든 좋은 것을 주시는 분이기 때문입니다. 즉 우리는 하나님이 복을 안 주신다고 원망할 것이 아니라 어떻게 하면 이런 고통들을 통해서 하나님께 더 가까이 나아갈까를 생각해야 하는 것입니다.

1. 하나님에 대한 이해

우리는 생전 본 적이 없는 멋진 외제차를 보면 신기하게 생각하지만 그 차를 만든 회사나 공장에 대해서는 별로 신경을 쓰지 않습니다. 왜냐하면 우리는 자동차를 타고 다니는 것이지 그 차를 만든 공장을 타고 다니는 것이 아니기 때문입니다. 그러나 만일 그 자동차 공장이 망하거나 이상이 생기면 그런 멋진 자동차도 더 이상 만들지 못할 것입니다. 즉 이 세상에 멋진 자동차가 돌아다닐 수 있는 것은 그 자동차 회사에서 멋진 자동차를 만들어 내기 때문인 것입니다.

마찬가지로 우리는 이 세상에 있는 많은 축복에 대해서는 많은 관심을 가지지만 이 축복을 만들어서 우리에게 주시는 하나님에 대해서는 별로 관심을 가지지 않을 때가 많습니다. 우리는 하나님보다는 세상의 복을 더 좋아합니다. 하나님은 눈에 보이지 않고, 또 하나님을 믿는다고 해서 당장 잘살게 되는 것도 아닌 것입니다.

그런데 본문에서 야고보 사도는 우리에게 "속지 말라"고 말하고 있습니다.

"내 사랑하는 형제들아 속지 말라"_약 1:16

여기서 "속지 말라"라고 한 것은 우리가 하나님에 대해서 많은 오해를 하면서 살아가고 있다는 것입니다. 그러면 우리는 하나님에 대하여 어떤 오해를 하면서 살아가고 있을까요? 그 중에 하나가 하나님은 우리의 영혼에만 유익을 주시지 현실적인 복에 대해서는 도움을 주지 않으신다는 것입니다. 즉 학생들은 예배를 드리면 마음에 기쁨과 만족을 주시지만 그렇다고 해서 당장 성적이 올라가게 하지는 않으신다는 것입니다. 그리고 어른들의 경우는 교회에 와서 예배드리면 마음의 평안은 얻을 수 있지만 그렇다고 해서 하나님이 당장 돈을 많이 벌게 해 주시는 것은 아니라는 것입니다. 그렇기 때문에 우리는 하나님은 내 인생에 보조적인 존재라고 생각해서 필사적으로 신앙생활을 하지 않고 더 급한 것이 있으면 예배를 빠질 수 있다고 생각합니다.

그리고 또 우리가 오해하는 것 중 하나는, 열심히 하나님을 믿는데도 불구하고 왜 가정이나 자신에게 환난이 오느냐는 것입니다. 즉 왜 하나님은 나에게 이렇게 큰 어려움을 주시고는 도와주지도 않고 보기만 하고 계시는지 이해가 되지 않는 것입니다.

이러한 오해에 대하여 야고보 사도는 우리를 "사랑하는 형제들"이라고 부르면서 그런 생각에 "속지 말라"고 말하고 있습니다. 그런 식으로 생각하는 것은 하나님에 대하여 전혀 모르기 때문이라는 것입니다. 즉 우리는 하나님을 몰라도 너무 모르고 있는 것입니다.

사실 우리는 하나님을 너무 모를 때가 많습니다. 특히 나에 대하여 하나님이 무엇을 원하시는지 전혀 감을 잡지 못할 때가 많이 있습니다. 그럴 때 우리는 마음이 답답한 것입니다.

이때 우리는 무슨 생각을 해야 할까요? 나에게 어떤 이해할 수 없는 어려움이 닥쳤을 때는 무조건 내 생각만 가지고 밀어붙일 것이 아니라 하나님을 향해서 마음을 열어야 합니다. 즉 우리는 어떤 큰 어려움이 닥쳤을 때 '왜 나에게 이런 어려움이 왔을까?' 하고 생각해 봐야 아무 소용이 없습니다. 왜냐하면 이때 우리 마음에는 이미 하나님에 대한 원망과 섭섭한 마음이 가득해서 제대로 하나님의 뜻을 생각할 수가 없기 때문입니다. 그럼에도 불구하고 '왜 하나님은 나에게 이런 큰 시련이 오는 것을 알면서도 막아 주지 않으셨을까?' 하고 생각하는 것은 결국 자기 함정에 빠지는 것이고 스스로 속는 것입니다. 이때 우리는 '왜 이런 어려움이 나에게 왔는지 모르겠지만 나는 이 어려움으로 인해 좌절하지 않고 승리할 것이다. 내가 이 시험을 이겼을 때에는 정금같이 변해 있을 것이다' 라는 것만 생각해야 합니다.

우리는 자주 자신이 피조물이라는 사실을 잊고 삽니다. 우리는 결코 신이 아닙니다. 우리는 인간이고 피조물이기 때문에 항상 좋은 일만 일어나야 하는 것은 아닙니다. 또 우리는 우리 눈에 보이는 것이 전부가 아니라는 사실을 잊을 때가 많습니다. 아프지 않고 가난하지 않고 잘살기만 하면 최고로 좋을 것 같지만 이것이 전부가 아닌 것입니다.

그래서 야고보 사도는 우선 우리 눈에 보이는 것부터 설명하고 있습니다.

"온갖 좋은 은사와 온전한 선물이 다 위로부터 빛들의 아버지께로부터 내려오나니 그는 변함도 없으시고 회전하는 그림자도 없으시니라"_약 1:17

야고보 사도는 일단 우리가 이 세상에서 누리고 있는 좋은 것들이 전부 하나님이 공짜로 주신 것임을 말하고 있습니다. 우리가 이 세상에서 누리고 있는 건강이나 준수한 외모나 가정이나 직장이나 해나 공기나 물 같은 것들은 모두 하나님께서 우리에게 선물로 주신 것입니다. 우리가 이 세상에서 누리고 있는 그 많은 복들 중에서 처음부터 가지고 있었던 것은 아무것도 없습니다. 이 모든 것은 하나님이 나를 사랑하셔서 공짜로 주신 선물인 것입니다. 우리는 전부 하나님이 주신 축복을 가지고 살고 있으면서도 하나님께 감사하지 않고, 하나님을 아예 모르거나 인정하지 않고 살아가고 있는 것입니다.

2. 빛들의 아버지이신 하나님

우리는 때로 다른 사람들에게는 있는데 내겐 없는 것이나 나에게 닥친 고통이나 슬픔으로 힘들어 하는데 성경은 우리가 이미 하나님으로부터 많은 복을 받아 왔다고 말씀하고 있습니다. 야고보 사도는 그 중에서 아주 기초인 것부터 설명하고 있는데 그 하나가 빛을 만드신 하나님의 사랑입니다. 본문에서 야고보 사도는 하나님을 '빛들의 아버지' 라고 소개하고 있습니다. 즉 하나님은 우주에 있는 수많은 별이나 태양이나 달을 만드신 분인 것입니다. 특히 본문에 보면 하나님은 '변함도 없으시고 회전하는 그림자도 없으시다' 고 말씀하고 있습니다. 하나님은 회전하는 그림자도 없이 움직이는 정확한 분인 것입니다.

여기서 우리는 우리가 알지 못하고 상관할 수 없는 곳에서부터 하나님의 사랑이 우리에게 주어지고 있다는 것을 알아야 합니다. 즉 우리 인간의 손이 뻗치지 않는 곳에서 태양은 빛나고 있고, 달은 빛을 보내고 있고, 별들은 반짝이고 있는 것입니다.

그런데 만일 우주에서 태양이 없어진다면 우리는 그 결과를 상상할 수 없을 것입니다. 만약 어느 날 태양이 사라진다면 우리에게는 영원히 아침이 없을 것이며, 시간이 아무 의미가 없을 것입니다. 즉 태양이 없어지면 결국 지구는 꽁꽁 얼어붙어서 생물이 존재하지 않게 되는 것입니다. 그리고 태양이 사라지면 지구뿐만이 아니라 태양계에 속해 있는 수성이나 금성 같은 행성들이 중력을 잃고 함께 사라질 것입니다. 그런데 하나님은 바로 그 태양을 만든 하나님이신 것입니다. 즉 우리가 이 세상에서 아무리 큰 고통을 당했다 하더라도 하나님이 주신 축복에 비하면 아주 적은 것입니다. 그러므로 우리는 어려움을 당할 때 하나님이 지켜 주시는 가운데 작은 고통을 당하고 있는 것이라는 사실을 알아야 합니다.

하나님은 달을 만드신 분입니다. 물론 낮에는 태양이 있다고 하지만 밤에는 태양이 비취지 않습니다. 그래서 옛날 사람들은 밤에는 모든 악령들이 설치고 돌아다니는데 그때 사람들이 밖에 나가면 미친다고 생각했습니다. 영어 단어 'lunatic'의 어원은 '달'(luna)인데 '미치다'라는 뜻인 것입니다. 그런데 하나님은 우리 인간이 잠들어 있는 밤에 모든 것을 그대로 다 있도록 지켜 주십니다. 즉 우리 인간이 인식하지 못하는 순간에도 하나님은 우리를 지켜 주시고 도와주시는 것입니다. 이것은 환자가 수술을 받을 때와 비슷합니다. 환자는 마취되어서 아무것도 모르는 가운데 의사가 수술을 하는데 그가 마취에서 깨어났을 때에는 이미 수술이 다 끝나 있는 것입니다. 그런데 환자는 마취에서 깨어날 때 통증을 느끼는데 그때는 이미 수술이 다 끝나서 건강을 회복하는 상태인 것입니다.

저도 옛날에 수술을 받은 적이 있는데 마취되어서 정신이 없는 상태에서 누군가가 말하는 소리를 들은 것 같고, 가위 소리도 들렸습니다. 그리고 나중에 의식이 들었을 때에는 이미 수술이 끝나 있었습니다.

우리는 밤 동안에 아무 일도 일어나지 않는다고 생각하지만 사실 자연은 놀라울 정도로 우리를 치유하고 있습니다. 환자들의 경우에도 잠을 자는 중에 치유가 되고 회복이 됩니다. 자연도 시간이 지나면서 여러 가지 것들이 치유가 되는 것입니다.

특히 하나님은 밤하늘에 수많은 별을 만들어서 밤이 더 아름답게 만드셨습니다. 그래서 아무리 마음이 강퍅한 사람이라 할지라도 별이 빛나는 밤을 좋아합니다. 이때 '밤'은 고난의 시기를 말합니다. 우리에게 고난만 오면 너무 고통스러워서 절망할 수밖에 없지만 하나님은 별들이 빛나게 하셔서 고난이 더 아름답게 하시는 것입니다.

만약 밤에 별이 하나도 없다면 우리는 밤이 무서울 것입니다. 그런데 요즘은 자동차의 배기가스나 공장에서 나오는 대기 오염 물질 때문에 별이 거의 보이지 않습니다. 그런데 예전에 누군가가 사막에 가서 밤하늘을 보았는데 하나님이 별들을 거기로 다 옮겨 놓으신 것 같았다고 말을 한 적이 있습니다. 사막의 밤하늘에는 너무나도 많은 별들이 빛나고 있는 것입니다. 그곳에서는 밤하늘의 별들이 머리 위로 쏟아질 것처럼 가깝게 느껴질 것입니다.

다윗은 "낮의 해가 너를 상하게 하지 아니하며 밤의 달도 너를 해치지 아니하리로다"(시 121:6)라고 하였습니다. 우리 예수 믿는 사람들에게 고난과 시련은 마치 밤과 같은 시간입니다. 갑자기 어려움이 닥쳐서 인생 밑바닥으로 내려간 것 같을 때에는 아무리 믿음이 좋은 사람이라 할지라도 견디지 못할 것 같습니다. 그런데 놀라운 것이,

그런 환난과 시련 속에서도 마음속에 빛이 떠오르는 것입니다. 여기서 '빛'은 하나님의 말씀이 주는 확신이며 주위 성도들을 통해서 주시는 위로입니다. 이것이 바로 환난 가운데 하나님이 함께하신다는 증거입니다.

우리 마음에 희망이 있다는 것은 아침이 온다는 증거입니다. 밤하늘에 떠 있던 별들이 사라지면서 찬란하고 환한 아침이 찾아오는 것입니다.

3. 고난이 오는 이유

우리는 하나님이 우리를 사랑하신다고 하면서 남들은 겪지 않는 상상할 수 없는 어려움을 주시면 굉장히 고통스러워서 하나님을 원망하게 됩니다.

우리는 하나님이 빛을 만드신 것은 이해가 되지만 그럼에도 이해가 되지 않는 것들이 있습니다. 그 하나는 왜 하나님이 창조하신 세계에 악한 것들이 있느냐는 것입니다. 하나님이 만드신 세상에 많은 식물들이 있고, 공기도 있고, 해와 달과 별들이 있고, 건강도 있고, 멋진 외모도 있고, 좋은 가족이나 직장도 있는 것은 감사한 일입니다. 그러나 하나님이 만드신 세상에 좋은 것만 있는 것은 아닙니다. 좋지 않은 것도 있습니다. 그 중에 병이 있고 죽음이 있습니다. 가난이 있고 굶주림이 있습니다. 곤충들 중에도 모기나 파리 같은 해로운 곤충이 있고, 짐승들 중에도 독사나 표범이나 사자 같이 사나운 맹수가 있습니다.

그래서 신학자들 중에는 이렇게 인간에게 해로운 것들도 하나님이 창조하셨을까 하고 의문을 가진 사람들이 있었습니다. 결국 신학자들은 인간이 타락할 때 이런 피조물들도 함께 타락했다고 결론을 내렸습니다. 그러나 성경이 말씀하시는 것은, 하나님은 악한 것을 창조하지 않으셨다는 것입니다.

그러면 이 세상의 해로운 것들은 어떻게 해서 존재하게 되었을까요? 그것들은 모두 자기 스스로 하나님으로부터 멀어졌기 때문에 부패한 것입니다. 즉 이 세상에 있는 모든 피조물은 똑똑하거나 잘생긴 것은 크게 중요하지 않습니다. 하나님께 더 가까워질수록 더 아름답고 깨끗하고 선하게 되는 것입니다. 아무리 멋있고 아름답고 똑똑한 것이라 하더라도 하나님으로부터 멀어지면 교활하고 추악하고 사나워집니다. 이것은 천사나 인간이나 동물이나 다 마찬가지입니다. 천사 중에서 사탄은 가장 지혜롭고 아름다운 존재였습니다. 그러나 사탄이 하나님으로부터 멀어졌을 때 가장 악한 영이 되었던 것입니다. 이것은 인간들도 마찬가지입니다. 똑똑하고 유능하고 지식이 많은 사람이 하나님으로부터 멀어지면 더 잔인해지고, 더 추악해지고, 더 못된 짓을 하는 것입니다. 이것은 짐승이나 곤충도 마찬가지입니다.

여기서 우리는 더 아름다워지고, 더 똑똑해지고, 더 많은 것을 가지는 것보다 중요한 것이 하나님께 가까워지는 것이라는 사실을 알 수 있습니다. 우리가 하나님께 가까워지지 않는 이상 아무리 좋은 집에서 살고 아무리 잘생긴 외모를 가지고 있어도 아무 소용이 없는 것입니다. 오히려 더 추악해지고 교활해지는 것입니다.

그렇다 하더라도 왜 하나님은 나에게 이런 큰 고통과 어려움을 주시는 것일까요? 우리는 당장은 그 이유를 잘 이해하지 못합니다. 왜냐하면 우리가 당한 환난이 너무 크고 너무 고통스럽기 때문입니다.

그런데 우리가 알지 못하는 가운데 우리는 고통을 통해서 하나님께 더 가까워집니다. 우리가 고통을 겪기 전에는 기도도 제대로 하지 않고 신앙생활을 한다고 하면서도 엉터리로 할 때가 많았는데 환난이 오면서 기도도 간절해지고, 하나님과 대화를 나눌 때도 훨씬 많고, 예배나 말씀에 대한 태도가 더 진지해지는 것입니다. 그 이유는 고통이 우리를 하나님께 밀착시키기 때문입니다.

우리는 평소에는 하나님과 느슨한 관계에 있고 싶어 합니다. 하나님께 매이면 내 마음대로 할 수 없기 때문입니다. 그래서 사람들 앞에서는 잘 믿는 것처럼 행세하면서 실제로는 하나님에게 매이지 않고 자유롭게 신앙생활을 합니다. 그러나 파이프나 나뭇가지가 느슨하게 결합되어 있으면 물이나 영양분이 공급되지 않아서 말라 죽듯이 우리의 신앙생활도 느슨해지면 하나님께 영양을 공급받지 못합니다. 그렇기 때문에 하나님은 고난을 통해서 우리를 하나님께 밀착시키십니다.

하나님께서는 이런 불같은 시련을 통해서 우리로 하여금 하나님을 진정으로 만나게 하십니다. 그래서 욥도 "내가 주께 대하여 귀로 듣기만 하였사오나 이제는 눈으로 주를 뵈옵나이다"(욥 42:5)라고 고백했습니다. 하나님은 우리에게서 세상의 것을 빼앗아 가시고 하나님 자신을 주려고 하십니다.

우리는 환난을 당하면 자기 자신을 비참하게 생각하게 됩니다. 왜냐하면 다른 사람들에 비해서 자기 자신이 너무 초라하기 때문입니다. 그리고 우리가 오랫동안 환난을 당하면 외모도 초라해지고 옷도 누추해져서 남들이 보기에도 별 볼 일 없이 되어 버립니다. 그래서 우리는 이때 이 세상을 살아가야 할 목적을 상실하기 쉽습니다.

그러나 하나님은 고난 중에 있는 성도들이 하나님 앞에서는 가장 소중한 첫 열매라고 말씀하십니다.

"그가 그 피조물 중에 우리로 한 첫 열매가 되게 하시려고 자기의 뜻을 따라 진리의 말씀으로 우리를 낳으셨느니라"_약 1:18

농사를 짓는 분들에게는 첫 열매가 중요합니다. 농부가 과일나무를 심는다고 해서 무조건 사과나 배나 포도가 열리는 것은 아닙니다. 어떤 경우에는 2, 3년이 지나도 열매가 하나도 열리지 않을 때도 있습니다. 그때 농부는 혹시 우리 밭의 나무들은 열매가 맺히지 않는 것은 아닌가 하고 불안해합니다. 그런데 어느 해에 갑자기 첫 열매가 맺히면 이제부터는 그것과 똑같은 열매가 수십 개 수백 개 열리는 것입니다.

성경은 고난 가운데 말씀으로 은혜받고 변화되는 성도들이 하나님 앞에서는 첫 열매라고 말씀하고 있습니다. 이것은 하나님께서 이 세상의 다른 어떤 성공보다 믿음의 열매를 가장 소중하게 생각하신다는 뜻입니다.

농부가 과일나무를 심는 목적은 오직 열매를 따기 위해서입니다. 농부에게 다른 것은 그렇게 중요하지 않습니다. 마찬가지로 하나님께 가장 중요한 농사는 신앙의 열매를 맺는 것입니다. 사람들에게는 사업에 크게 성공해서 돈을 많이 버는 것이나 과학적인 큰 발견을 하는 것이나 유명한 정치인이 되는 것이 중요할 것입니다. 그러나 하나님께 가장 중요한 열매는 우리가 오직 말씀으로 변화되는 것입니다. 이 열매가 있을 때 하나님은 우리나라를 지켜 주시며 이 세상을 축복해 주시는 것입니다.

이 세상에 있는 모든 것은 하나님의 열매입니다. 그 중에서 가장 소중한 첫 열매는 고난 가운데 변화되고 있는 성도들입니다. 그들이 있기 때문에 하나님께서 다른 열매들도 축복하시고 지켜 주십니다. 우리 사회가 위기 가운데서도 유지되고 있는 것도 고난 중에 말씀으로 변화되는 자들이 있기 때문입니다. 그런 열매가 없다면 하나님께서 이 세상을 유지시킬 이유가 없는 것입니다.

제자들이 예수님께 와서 "주의 임하심과 세상 끝에는 무슨 징조가 있사오리이까"(마 24:3)라고 물었을 때 예수님께서는, "주검이 있는 곳에는 독수리들이 모일 것이니라"(마 24:28)라고 말씀하셨습니다. 주검은 시체입니다. 시체는 아무리 말을 해도 반응이 없고, 눈물을 흘릴 줄도 모릅니다. 이렇듯 하나님의 말씀을 전해도 아무도 들으려고 하지 않고 아무 반응이 없을 때 세상은 심판을 받을 때가 된 것입니다. 아무리 잘살고 공부를 많이 했다 하더라도 그러한 사람들에게는 결국 하나님의 심판이 임하게 됩니다. 그러나 믿는 자들이 생기고 믿음이 자라는 이상 하나님은 절대적으로 우리 교회와 우리가 살고 있는 곳을 지켜 주실 것입니다. 우리에게 진리가 있고 우리가 말씀으로 은혜받을 때 하나님은 우리나라가 망하지 않도록 지켜 주실 것이며, 또 한 번 축복의 때가 오게 하실 줄 믿습니다.

실천 04

Practicing Christian

아름다운 *자신*의 모습

| 약 1:22-27 |

화가들은 이 세상에서 최고로 아름다운 작품을 남기기를 원합니다. 우리나라의 화가 중에는 인물화로 성공한 사람도 있고, 풍속화로 성공한 사람도 있습니다. 아마 세계에서 최고로 유명한 인물화는 레오나르도 다빈치가 그린 "모나리자"일 것입니다. 이 그림은 그렇게 큰 그림도 아니고 그림 속의 여인도 뛰어난 미녀가 아닙니다. 그림 속의 모나리자는 눈썹도 없고 이마도 넓은 편인데 가까이서 보면 표정이 없는 것 같지만 조금 떨어져서 보면 살짝 웃고 있습니다. 그리고 미국의 로이 리히텐슈타인이라는 화가가 그린 "행복한 눈물"은 만화 같은 그림인데 백인 여성이 웃으면서 눈물 한 방울을 흘리는 그림입니다. 그런데 이 그림 하나가 백억 원을 호가하는 아주 유명한 그림인 것입니다.

오늘 사람들은 이 세상을 살면서 최고로 멋진 자신의 모습을 남겨

놓고 싶어 합니다. 아마도 사람들이 생각하는 최고로 아름다운 모습은 아마 전성기 때의 모습일 것입니다. 사람들은 누구나 성공해서 돈을 많이 벌고 외모도 보기 좋은 때의 모습을 가장 아름다운 모습이라고 생각할 것입니다. 그러나 이런 모습들은 전부 하나님이 그리려고 하는 최고의 그림이 아닙니다.

하나님도 이 세상에 멋진 그림을 많이 남기셨습니다. 하나님이 그린 그림 중에는 웅장한 경치도 있고, 멋진 일출이나 일몰의 장면도 있을 것입니다. 가을이 되면 하나님은 온 산을 단풍으로 색을 입히시는데 그것도 참 아름다운 그림입니다. 그러나 하나님은 이 세상 최고의 그림을 인물화로 남기기를 원하십니다. 그런데 하나님께서 이 세상에 보여 주기 원하시는 최고의 그림은 돈을 많이 벌고 스스로 지식이 많다고 자랑하는 사람들의 모습이 결코 아닙니다. 하나님께서 이 세상에 보여 주기를 원하시는 최고의 그림은 고난 가운데 기뻐하고 감사하는 성도의 모습인 것입니다.

1. 하나님이 그리시는 최고의 그림

우리는 이 세상에 살면서 누구나 고통이 없는 삶을 살기를 원합니다. 고통은 사람을 비참하게 만들고 불행하게 만들기 때문입니다. 저도 이번에 크게 아파 보았는데 통증이라는 것이 얼마나 사람을 불쾌하게 하고 짜증나게 하며 무기력하게 하는지 새삼 깨달았습니다.

사실 사람들이 이 세상에서 돈을 많이 벌고 높은 위치에 올라가려고 하는 것은 고통 없이 행복하게 살려고 하는 것입니다. 우리가 누구에게 매를 맞거나 욕을 얻어 먹거나 배가 고프거나 추운 것은 모두 우리를 비참하게 하는 고통입니다. 사람들은 고통이 오면 얼굴을 찡그리고, 몸을 웅크리며, 입에서는 원망과 불평과 욕이 튀어나오는데 이것은 누구나 다 마찬가지입니다. 그런데 하나님의 위대한 작품은 고통 가운데 나오게 됩니다. 즉 사람들은 누구든지 고통 중에 있으면 얼굴을 찡그리고 화를 내며 누군가를 원망하게 되는데 이상하게도 고난과 고통 중에 기뻐하고 감사하는 사람들이 있는 것입니다.

"내 형제들아 너희가 여러 가지 시험을 당하거든 온전히 기쁘게 여기라"_약 1:2

하나님이 이 세상에 보여 주기를 원하시는 최고의 걸작품은 여러 가지 고난 중에 기뻐하고 감사하는 사람의 모습입니다. 사실 사람들은 어떻게 해서 그 사람이 비참한 고통 중에 기뻐할 수 있는지 아무도 이해하지 못할 것입니다. 그러나 이 사람은 분명히 기뻐하고 있습니다. 왜냐하면 하나님의 백성의 모든 축복은 신앙의 고통 중에 다 들어 있기 때문입니다. 그렇기 때문에 이 세상에서 가질 것을 다 가지고 누릴 것을 다 누리는 사람들은 하나님의 최고의 그림이 되지 못하는 것입니다. 하나님은 고통 중에서 웃고 기뻐하는 자에게 최고의 상급을 주십니다. 그래서 1장 12절에 "시험을 참는 자는 복이 있나니 이는 시련을 견디어 낸 자가 주께서 자기를 사랑하는 자들에게 약속하신 생명의 면류관을 얻을 것이기 때문이라"라고 하였습니다.

또 하나님께서 보여 주기 원하시는 최고의 그림은 다른 사람에게 공격을 받아서 고통스럽고 비참한 가운데서도 대항해서 싸우지 않은 성도의 모습입니다. 만약 우리가 그럴 수만 있다면 그는 하나님 앞에서 상을 받은 것입니다. 이 세상에서 고통받고 무시당하고 말로

나 행동으로 공격당할 때 대항해서 싸우지 않고 참았다면 그는 성공한 것입니다. 그는 하나님 앞에서 최고의 그림을 남긴 것입니다. 그러나 믿는다고 하면서 화를 내고 소리를 지르고 잘난 체하는 사람은 누가 보더라도 엉터리 신앙인입니다.

"사람이 성내는 것이 하나님의 의를 이루지 못함이라"_약 1:20

사람이 어려움을 당했을 때나 자기 뜻대로 되지 않았을 때 그 사람의 입에서 나오는 말이 그의 신앙을 나타냅니다. 그러므로 우리는 고난 가운데 처했을 때 말과 행실을 조심해야 합니다.

이 세상에서 한편으로는 고통으로 인해 눈물을 흘리지만 다른 한편으로 하나님께 감사하면서 웃을 수 있는 성도의 모습은 하나님이 이 세상에 남기시는 최고의 그림입니다. 하나님은 우리가 이런 그림을 그리기를 원하시는 것입니다.

2. 자기 얼굴 보기

우리가 자신의 모습을 보기 위해서는 자신의 얼굴을 거울에 비춰 보아야 합니다. 요즘은 거울로 자신의 모습을 정확하게 볼 수 있지만 옛날에는 은이나 청동이나 철의 표면을 갈아서 거울을 만들었기 때문에 자신의 모습을 자세히 볼 수 없었습니다. 그래서 어떤 의미에서 옛날 사람들은 거의 평생 동안 자신의 얼굴을 보지 못하고 살았다고 말할 수 있을 것입니다. 그리고 우리는 늘 말을 하면서 살지만 자신이 하는 말을 잘 듣지 못할 때가 많습니다. 그래서 어떤 때 자신의 말을 녹음해서 들어보면 자기가 말한 것 같지 않은 것입니다.

참으로 아이러니컬한 것이 바로 이것입니다. 우리는 다른 사람들의 얼굴은 매일 보면서도 자신의 얼굴을 잘 보지 못하고 살아갈 때가 많은 것입니다. 그리고 우리는 다른 사람들의 목소리는 늘 듣고 살아가지만 자기 자신의 음성은 듣지 못할 때가 많습니다. 사람들은 이 세상에 살아가면서 정작 자기 자신을 보지 못한 채 살아가고 있는 것입니다. 우리는 자기 자신을 알아야 자기의 가치를 알 수 있을 텐데 막상 자기 자신을 모르고 살아가고 있는 것입니다. 그러므로 지금 우리에게는 자기 자신의 모습을 잘 볼 수 있게 해 주는 거울을 찾으려는 노력이 필요합니다.

> "누구든지 말씀을 듣고 행하지 아니하면 그는 거울로 자기의 생긴 얼굴을 보는 사람과 같아서 제 자신을 보고 가서 그 모습이 어떠했는지를 곧 잊어버리거니와"_약 1:23-24

야고보 사도는 사람이 자신을 비추어 볼 수 있는 거울이 여러 종류가 있다는 것을 이야기하고 있습니다. 그런데 어떤 거울은 너무 울퉁불퉁하고, 어떤 거울은 너무 희미해서 자신의 모습을 잘 볼 수 없다는 것입니다.

우리가 자신의 외모를 보려면 거울에 자신의 모습을 비추어 보면 될 것입니다. 그러나 자신의 내면을 보는 것은 결코 쉬운 일이 아닙니다.

사람들은 자기 내면의 모습을 보기 위해서 대략 세 가지 방법을 사용하는 것 같습니다. 그 첫째는 철저한 자기 분석을 통해서 자기 자신을 찾는 것입니다. 즉 심리적인 방법이나 자기 성찰에 의해서 자기 자신을 분석하는 것입니다. 사람들은 자기 자신을 둘러싸고 있는 껍질들을 하나씩 벗겨 나가면 결국 진실한 자기의 모습을 발견할 수 있을 것이라고 생각하는 것입니다. 그러나 사람은 아무리 자기 자신을 분석하고 또 분석해도 모순된 자신의 모습밖에 볼 수 없습니다. 왜냐하면 사람은 모순 덩어리이기 때문입니다.

그리고 또 한 가지 방법은 다른 사람들과의 좋은 관계를 통하여 자기 자신을 찾는 것입니다. 즉 다른 사람들과 적극적인 교제를 나누고, 또 사회생활이나 봉사를 열심히 하는 과정을 통해서 다른 사람들로부터 좋은 평가를 받는 것입니다.

우리는 보통 다른 사람이 나를 대하는 태도를 통해서 나 자신의 모습을 찾게 됩니다. 즉 다른 사람이 나에게 화를 내거나 욕을 퍼부으면 나의 모습은 너무나도 비참해집니다. 반대로 외모는 좀 못생겼다 하더라도 다른 사람이 나를 존귀하게 대하고 사랑으로 대해 주면 나는 나 자신을 대단히 귀한 사람으로 생각하게 됩니다. 그러나 실제로 사람들은 자기 기분 내키는 대로 다른 사람을 대합니다. 즉 자기가 기분이 좋을 때에는 좋은 말을 하고 칭찬을 하지만 자기 기분이 나쁘면 트집을 잡고 욕을 퍼붓기 때문에 그 사람이 그리는 그림은 자기 그림인 것입니다. 즉 내 얼굴에 자기 그림을 그리려고 하는 것입니다.

그리고 셋째가 종교적인 순수성을 통해서 자신의 진정한 모습을 찾으려고 하는 것입니다. 사람들은 이것을 '종교적인 귀의'라고 말을 하기도 합니다. 또 어떤 사람은 "영성이 있다" 혹은 "경건한 사람이다"라는 식으로 말을 하기도 합니다. 우리는 보통 '경건하다'고 하면 종교적인 성향을 가진 것을 생각하기 쉽습니다. 즉 어떤 사람이 언제나 웃지도 않고 심각하며, 특히 얼굴은 마르고 눈은 푹 들어가 있으면 종교적인 사람이라고 생각할 것입니다.

제가 어렸을 때 외가 쪽의 친척 한 분이 서울에서 제법 이름이 나 있는 교회의 목사님이었습니다. 그 목사님의 집은 얼마나 경건했는지 마루에서 발자국 소리도 낼 수가 없었고, 크게 소리를 내며 웃을 수도 없었습니다. 저는 그런 경건이 아주 차갑게 느껴졌고, 그것을 아주 싫어했습니다. 그러나 제가 성경을 통해서 발견한 경건은 그렇게 차갑고 근엄한 것이 아니었습니다. 경건은 오히려 매우 따뜻하고 애정이 넘치는 것이었습니다. 우리는 하나님과 가까이 있을 때 차갑거나 비판적이거나 딱딱하지 않습니다. 그때 우리는 따뜻하고 이해심이 넘치며 눈물이 많은, 살아 있는 모습을 가지게 되는 것입니다.

우리는 내가 다른 사람을 대하는 태도를 통해서 나 자신의 모습을 볼 수 있습니다. 즉 내가 다른 사람들을 미워하거나 학대할 때에는 아직 나 자신의 모습이 아름답지 못한 것입니다. 반대로 내가 다른 사람을 귀하게 대할 때 이미 나 자신이 아름답고 귀하게 변해 있는 것입니다.

그리스도인들에게는 아주 귀한 마음의 거울이 있습니다. 그것은 바로 하나님의 말씀입니다. 하나님의 말씀은 우리 속 깊은 곳에 있는 것을 다 보여 주는 거울입니다.

"지으신 것이 하나도 그 앞에 나타나지 않음이 없고 우리의 결산을 받으실 이의 눈 앞에 만물이 벌거벗은 것 같이 드러나느니라"_히 4:13

우리가 하나님의 말씀을 듣고 은혜받는 시간이야말로 자기를 정직하게 보는 시간입니다. 그때 우리는 하나님의 은혜로 추하고 더러운 모습은 다 지워지고 가장 아름다운 모습으로 변하는데 이것이 바로 자기 자신을 찾는 것입니다.

그런데 많은 사람들은 성경을 가지고 있으면서도 바르게 사용하지 못하고 있습니다. 우리가 가지고 있는 이 성경은 하나님께서 우리에게 주신 보물 지도입니다. 이 안에 하나님의 모든 보물과 축복이 다 들어 있습니다. 그러나 오늘날 많은 기독교인들이 이 성경을 하나의 고전 작품으로 생각하거나 장식품으로 사용합니다. 우리가 성경 진리를 파고들어 가서 그 안에 들어 있는 보물을 캐낼 때 우리는 이 세상에서 최고로 복 있는 사람이 되는 것입니다.

야고보 사도는 하나님의 진리를 이론적으로 알고 있는 사람과 그것을 실제로 행하는 사람의 차이를 설명하고 있습니다. 즉 사람들은 자기의 얼굴을 잊고 지낸다는 것입니다. 사람들은 언제나 다른 사람의 얼굴만 보지 자기 얼굴을 볼 기회가 많지 않은 것입니다. 우리는 겉모습뿐만 아니라 자신의 내면의 모습을 보지 못한 채 살아가고 있습니다. 우리는 다른 사람이 나를 대하는 태도를 통해서 자신의 모습을 짐작하기는 하지만 다른 사람의 태도라는 것도 상대방의 기분에 따라서 변하기 때문에 종잡을 수가 없습니다. 그런데 우리는 하나님의 말씀을 듣고 받아들일 때 자기 자신의 모습을 찾을 수가 있습니다. 그러나 우리가 진정으로 아름다운 자신을 찾으려면 진리를 구경만 해서는 안 됩니다. 우리는 이 진리의 세계 안으로 들어가야 하는 것입니다.

아브라함은 75세가 되기 전까지 전혀 어려움이 없이 살았습니다. 그는 하란에서 자기 땅을 가지고 인정받는 생활을 했습니다. 그러던 어느 날 하나님의 말씀이 그에게 임하시는데 도저히 거부할 수 없는 능력으로 나타나셨습니다. 마치 매가 병아리를 낚아채듯이 하나님의 말씀이 아브라함을 낚아채어서 새로운 삶을 살게 했던 것입니다. 바로 이 순간이 위대한 믿음의 조상 아브라함이 새로 태어나는 순간이었습니다. 우리에게도 이러한 순간이 필요합니다. 즉 하나님의 말씀이 나를 낚아채어서 완전히 딴 방향으로 끌고 가는 경험이 있어야 하는 것입니다.

예수님께서는 제자들에게, "누구든지 나를 따라오려거든 자기를 부인하고 자기 십자가를 지고 나를 따를 것이니라"(막 8:34)라고 말씀하셨습니다. 왜 예수님을 따르는데 죽을 각오를 해야 할까요? 이것이 세상적으로는 꼭 죽는 것처럼 보이기 때문입니다. 그러나 이것이 사는 길이고, 이것이 하나님을 소유하는 길인 것입니다. 우리가 겪어보면 예수님의 말씀 그대로라는 것을 알게 될 것입니다. "누구든지 제 목숨을 구원코자 하면 잃을 것이요 누구든지 나를 위하여 제 목숨을 잃으면 찾으리라"(마 16:25). 누구든지 하나님을 인하여 죽고자 하는 자는 살고 살고자 하는 자는 죽는다는 것입니다. 여기서 '죽고자 하는 자'는 세상의 여러 가지 좋은 방법을 붙들지 않고 말씀만 붙드는 사람입니다. 이 사람은 세상에서는 어리석은 자요 실패한 자인 것처럼 보이지만 하나님의 성령이 임해서 말할 수 없는 천국의 복으로 살게 됩니다.

예수님께서는 제자들에게 말씀하시기를, "너희는 뱀같이 지혜롭고 비둘기같이 순결하라"(마 10:16)라고 말씀하셨습니다. 그러나 사실 이 두 가지 성품을 함께 가지는 것은 너무 어렵습니다. 대개 순결한 사람들은 너무나도 고집스럽고 미련하기 쉽습니다. 거기에 비하여 지혜로운 사람들은 정직하지 못하고 유혹에 넘어가기가 쉽습니다. 그러나 우리는 이 두 가지 성품을 모두 가져야 세상을 이길 수 있고 세상을 정복할 수 있는 것입니다.

3. 하나님이 원하시는 경건

"너희는 말씀을 행하는 자가 되고 듣기만 하여 자신을 속이는 자가 되지 말라"_약 1:22

우리가 하나님의 말씀을 들을 수 있는 것은 엄청난 특권이고 축복입니다. 사람이 제아무리 똑똑하고 지식이 많아도 하나님의 말씀을 듣지 않는 이상 믿음이 생기지 않습니다. 우리가 하나님의 말씀을 들을 때 하나님은 우리 속에서 놀라운 일을 행하십니다. 즉 우리 안에 죽어 있었던 하나님에 대한 생각을 살려내어서 하나님에 대한 믿음을 가지게 하는 것입니다.

그런데 오늘 야고보 사도는 우리에게 엄청난 도전을 하고 있습니다. 야고보 사도는 하나님의 말씀을 듣기만 하는 것은 자기 자신을 속이는 것이라고 한 것입니다. 하나님의 말씀을 듣기만 하는 것으로 다 되는 것이 아니라는 것입니다. 즉 우리가 살아 있는 신앙을 가지고 있다면 신앙적으로 행동하게 되어 있다는 것입니다.

예를 들어 갓난아기들은 잠잘 때를 제외하고는 하루 종일 움직입니다. 아기들은 어른같이 일어나서 돌아다니지는 못하지만 계속 발을 뻗기도 하고, 손을 펴서 무엇을 잡으려고 합니다. 어린아이들의 운동량은 어마어마한 것입니다. 그런데 전에 어떤 아기가 태어나는 과정에서 사고가 생겨서 움직이지 못하게 되었습니다. 그 아이는 울지도 않았습니다. 그 아이는 전혀 활동을 할 수 없게 된 것입니다.

우리가 진정으로 예수를 믿는 사람들이라면 쉴 새 없이 움직이고 활동하게 되어 있습니다. 그러나 이 세상 현실에 부딪쳐 보면 우리는 여지없이 실패하고 맙니다. 즉 머리로 믿는 신앙으로는 아무것도 할 수가 없는 것입니다. 머리로 믿는 신앙은 아무 힘이 없습니다. 이것은 마치 침상에 누워 있는 환자가 사람이 들어오거나 나가는 것을 다 알고 있지만 할 수 있는 것이 아무것도 없는 것과 같습니다. 우리의 신앙이 살아 있는 뜨거운 신앙이 되려면 말씀이 가슴까지 내려와야 합니다. 말씀이 가슴으로 내려오려면 기도를 해야 하고, 현실에 부딪쳐 보아야 합니다. 그래서 우리가 알고 있는 신앙 지식으로는 이 세상에서 아무것도 할 수 없다는 것을 깨닫고 기도할 수 있어야 합니다. 그때 우리의 마음이 뜨거워지면서 우리 마음에 믿음이 살아 움직이게 됩니다. 그런데 야고보 사도는 가슴만 뜨거워져서는 안 되고 그것이 행동으로 이어져야 한다는 것입니다.

하나님께서 우리에게 요구하시는 것은 엄청난 일이 아닙니다. 아주 작은 것을 실천해 보라는 것입니다. 한 소년이 예수님께 보리떡 다섯 개와 물고기 두 마리를 바친 것처럼 작은 것을 실천하는 것입니다. 이때 우리의 신앙은 살아 있는 신앙이 된다는 것입니다. 이것은 실패할 것을 각오하고, 다른 사람에게 웃음거리가 될 것을 각오해야 하는 것입니다.

우리 인간은 '병'(bottle)과 같아서 외모보다는 그 안에 담기는 것으로 가치가 결정됩니다. 병 안에 간장이 들어 있으면 간장병이 되고, 참기름이 들어 있으면 참기름병이 됩니다. 그 안에 오물이 들어 있으면 더러운 병이 되는 것입니다. 마찬가지로 우리가 아무리 자신을 분석하고 수양을 하고 명상을 해도 그것은 병의 외부를 씻는 것밖에 되지 않습니다. 예수님께서는 바리새인들을 책망하시면서, "잔과 대접의 겉은 깨끗이 하되 그 안에는 탐욕과 방탕으로 가득하게 하는도다"(마 23:25)라고 말씀하셨습니다. 그래서 우리가 진정으로 경건해지려면 우리의 속을 하나님의 말씀으로 채워야 합니다. 그러면 우리의 인격이 변하고, 언어가 변하게 되어 있습니다.

그런데 교회의 놀라운 점이 말씀을 들은 교인들이 변한다는 것입니다. 즉 말씀을 들으면 이리였던 사람이 양으로 변하고, 가시나무나 엉겅퀴였던 사람이 포도나무나 무화과나무로 변하는 것입니다. 그렇기 때문에 교인들이 진리를 먹지 않으면 매우 사나워집니다. 그래서 서로 간에 작은 결점을 극복하지 못하고 서로 물어뜯습니다.

"누구든지 스스로 경건하다 생각하며 자기 혀를 재갈 물리지 아니하고 자기 마음을 속이면 이 사람의 경건은 헛것이라"_약 1:26

은혜받은 그리스도인들은 자기가 소중한 줄 알기 때문에 다른 사람도 소중하게 대해 줍니다. 이것이 우리 그리스도인들에게 나타나는 최초의 변화입니다. 그래서 야고보 사도는 우리가 진정으로 자신을 되찾았을 때 다른 사람에게 말을 함부로 하지 않는다고 했습니다. 즉 자기의 혀를 제어하는 것입니다. 아무리 신앙이 좋다고 해도 자기 멋대로 지껄여대는 사람은 경건에 실패한 사람입니다. 경건한 사람은 절대로 말을 함부로 하지 않습니다. 왜냐하면 사람은 자기 마음에 담겨 있는 것을 말로 나타내기 때문입니다.

우리 그리스도인들은 말을 할 때에 함부로 말을 하지 않도록 주의해야 합니다. 왜냐하면 우리의 말 속에는 독이 들어 있고 악이 들어 있기 때문입니다. 특히 화가 난 상태에서 말을 하면 상대방에게 나의 독을 그대로 먹이게 됩니다. 그리스도인의 입에는 영혼을 살리는 지혜의 말씀이 있어야 합니다. 특히 그리스도인이 고난을 통과하고 난 후에 하는 말들은 그대로 약이 되고, 능력이 되고, 축복이 되는 것입니다.

그리고 은혜받은 그리스도인들은 약한 사람을 돕게 됩니다. 하나님은 약한 자를 사랑하는 것이 하나님을 사랑하는 것이라고 말씀하신 것입니다.

"고아와 과부를 그 환난중에 돌보고"_약 1:27 하

우리가 은혜를 받으면 나의 이익을 위해 다른 사람을 이용하려고 하지 않게 됩니다. 신앙이 좋다는 분들 중에는 교회나 다른 사람들을 이용해서 자기 명예를 세우고 자기가 하고 싶은 것을 하는 사람들이 있습니다. 그러나 그것은 그리스도인으로서 좋지 않은 모습입니다.

참된 자유는 자신의 인색함을 뛰어넘을 수 있는 자유입니다. 이런 자유를 가지게 되면 자신을 위하여 돈을 쓸 때보다 어려운 사람을 위하여 돈을 쓸 때 더 행복할 수 있습니다.

그리고 "또 자기를 지켜 세속에 물들지 아니하는 그것이니라"라고 하였습니다. 참으로 재미있는 표현입니다. 어떤 영어 성경은 여기의 "물들지 아니하는"이라는 구절을 "티가 없는"(unspotted)으로 번역하고 있습니다. 즉 비가 오는 날 진흙탕 길을 걸으면 아무리 조심하려고 해도 진흙이 옷에 튀지 않을 수 없을 것입니다. 이럴 때 진흙이 묻지 않게 하려면 가능한 한 조심해서 걷고 집에 와서 옷을 빨리 세탁하는 것이 좋을 것입니다. 그런데 우리말 성경은 아예 염색하는 것에 비유해서 "물들지 아니하는 그것"이라고 번역하고 있습니다.

예를 들어 흰 천을 염료에 담그면 색이 들게 되어 있습니다. 옛날에는 염색 기술이 미숙해서 비오는 날 검은 옷을 입고 밖에 나갔다가 다리가 시커멓게 물들어서 돌아오는 경우가 있었습니다. 또 세탁할 때 색이 있는 옷과 흰 옷을 같이 넣고 빨면 흰 옷에 물이 들곤 했습니다. 그런데 우리가 사는 이 세상은 전부 죄악으로 물들어 있습니다. 우리가 이런 세상에 살면서 어떻게 죄에 물들지 않을 수 있겠습니까? 그러나 우리 안을 하나님의 말씀으로 충만하게 채우면 세상이 들어올 수 없습니다. 만약 우리가 무엇인가를 배부르게 먹었다면 다른 사람이 아무리 맛있는 것을 먹으라고 해도 더 먹을 수 없을 것입니다. 마찬가지로 우리가 하나님의 말씀을 배부르게 먹으면 세상에 아무리 좋은 것이 있어도 관심을 가지지 않을 것입니다.

야고보 사도는 우리의 경건은 산에 가거나 수도원에 가는 것이 아니라고 했습니다. 이 세상 속에서 말씀 충만으로 죄의 유혹을 물리치는 것이 진정한 경건인 것입니다.

기독교는 오늘 우리 사회에서 아름답지 못하다고 욕을 먹고 있습니다. 그 이유는 바로 야고보 사도가 말하는 살아 있는 신앙을 잃어버렸기 때문입니다. 우리의 경건은 죽은 싸늘한 경건이 아니라 살아 있는 따뜻한 경건이 되어야 합니다.

실천 05

Practicing Christian

나 자신에 대한 평가

| 약 2:1 |

사람들은 자신의 현재의 모습이나 그동안 자기가 이루어 놓은 업적에 대해 다른 사람들에게 좋은 평가를 받을 때 보람을 느끼고 자부심을 가지게 됩니다. 그래서 평소보다 노력을 많이 했거나 혹은 자신이 있을 때는 그 일에 대해 다른 사람들이 평가해 주기를 바랍니다.

예를 들어 여성들은 머리를 자르거나 파마를 했을 때, 그리고 멋진 새 옷을 사 입었을 때 자기 혼자 거울을 보면서 만족해할 수도 있지만 남편이나 혹은 친구들이 보고 칭찬을 해 주면 기분이 굉장히 좋아집니다.

마찬가지로 우리 크리스천들은 자기가 그동안 열심히 신앙생활을 한 것에 대하여 다른 사람들에게 좋은 평가를 듣기를 바랍니다. 그런데 신앙은 우리 눈에 보이는 것이 아니기 때문에 성적이나 외모처럼 보여 주거나 칭찬할 수가 없습니다. 그래서 요즘 많은 교회에서 사용하는 방법이 신앙생활에 성적을 매기는 것입니다. 즉 그 사람의 십일조 생활이나 새벽기도에 참석한 정도 혹은 제자반에서 어느 단계까지 공부를 했는지를 가지고 점수를 매겨서 어느 정도 이상이 되어야 중직자가 되도록 하는 것입니다. 그런데 저는 이런 방법을 별로 좋아하지 않습니다. 왜냐하면 성경에서는 전혀 다른 방법으로 신앙의 성숙도를 평가하고 있기 때문입니다.

사람들은 대개 신앙의 성숙도를 인정받기 위해서 여러 가지로 애를 씁니다. 그 중의 하나가 성경을 열독 혹은 백독을 하는 것입니다. 그렇지 않으면 방언을 할 수 있느냐 없느냐로 신앙의 성숙도를 인정받기도 했습니다. 그래서 옛날에는 방언을 할 수 없는 분들이 스트레스를 받아서 하나님께 방언을 하게 해 달라고 기도를 열심히 한 적도 있었습니다. 또 어떤 분은 새벽기도에 빠지지 않는 것이나 혹은 개인 기도를 많이 하는 것으로 인정받으려고 하기도 했습니다. 그리고 십일조를 많이 낸다든지, 아니면 자기 나름대로 교회 밖의 봉사 활동을 통해서 인정을 받으려고 하기도 했습니다.

예수님 당시에도 이런 일들이 많이 있었는데 그 중의 하나가 기도를 오래 하는 것이었습니다. 그리고 금식을 자주 하는 것과 십일조를 철저하게 내는 것은 기본이었던 것입니다. 그래서 한 부자 청년은 예수님에게 와서 영생을 얻으려면 무엇을 해야 하는지를 묻기도 했습니다. 그런데 본문은 우리의 신앙은 이런 봉사 활동이나 열심을 가지고 평가할 수 없다고 말씀하고 있습니다. 야고보 사도는 본문을 통해서 우리의 신앙이 정말로 성숙하고 발전했다면 다른 사람을 대하는 태도가 달라져야 한다고 말하고 있습니다. 즉 우리가 정말 하나님의 말씀으로 성숙하고 변화된 인격을 가지고 있다면 부자나 가난한 자나 공부를 많이 한 자나 많이 하지 못한 자를 똑같이 대해야 한다는 것입니다. 우리의 신앙 성숙 여부는 성경을 많이 읽는 것이나 선교에 대한 열정이나 봉사로 판단할 것이 아니라 교회 안에서 다른 사람들을 대할 때 돈이 있는 사람이나 없는 사람이나 배운 사람이나 배우지 못한 사람을 똑같이 소중하게 대하는 것으로 판단을 해야 하는 것입니다. 그렇지 않고 자기와 가깝고 도움이 될 만한 사람에게는 친절하게 대하고 자기와 생각이 다른 사람은 신랄하게 비판한다면 그 사람의 신앙은 엉터리인 것입니다.

1. 사람이 교회에 오는 목적

사람들이 병원을 찾는 목적은 아픈 곳을 치료받기 위해서입니다. 물론 병원을 찾는 사람들 중에는 멋진 옷을 입은 사람도 있고 남루한 옷차림을 한 사람도 있을 것입니다. 그러나 병원을 찾는 사람의 일차적인 목적은 옷을 자랑하려는 것이 아니라 병을 치료받기 위해서입니다.

마찬가지로 아주 다양한 부류의 사람들이 교회를 찾습니다. 그 중에는 멋진 옷을 입은 사람도 있을 것이고 남루한 차림새를 한 사람도 있을 것입니다. 그런데 사람들이 일차적으로 교회를 찾는 목적은 마음의 고통에 대하여 하나님의 도움을 얻기 위함인 것입니다.

"내 형제들아 영광의 주 곧 우리 주 예수 그리스도에 대한 믿음을 너희가 가졌으니 사람을 차별하여 대하지 말라"_약 2:1

교회는 다양한 형편에 있는 사람들이 와서 예배를 드리는 곳입니다. 그 중에는 부자도 있고, 가난한 사람도 있고, 젊은 사람도 있고, 노인도 있을 것입니다. 그런데 이러한 여러 부류의 사람들이 교회에 와서 예배를 드리는 목적은 단 하나, 하나님을 만나서 도움을 받으려는 것입니다. 아마 교회에 와서 예배를 드리는 분들 중에 할 일이 없어서 예배를 드리는 분은 아무도 없을 것입니다. 우리는 겉으로는 보이지 않지만 마음속으로는 모두 하나님께 기도하고 은혜를 받아서 어려움을 해결받고자 하는 것입니다. 하나님 앞에서는 가난한 자나 부자나 건강한 자나 병든 자나 모두 해결받아야 할 어려운 문제들이 있는 사람들인 것입니다. 교회는 이것을 가장 중요하게 생각해야 합니다. 즉 교회에 나온 사람들은 모두 외모나 형편에 관계없이 하나님의 도움이 필요해서 나온 사람들인 것입니다.

예수님께서는 예루살렘의 지도자들이 성전에서 소와 양과 비둘기를 팔고 돈을 바꾸어 주는 장사를 했을 때 노끈으로 채찍을 만들어서 장사하는 자들을 내어 쫓으셨습니다. 그러고는 "내 집은 만민이 기도하는 집이라"(막 11:17)라고 하시면서 '내 아버지의 집을 장사하는 집으로 만들지 말라' 고 말씀하셨습니다. 이제는 예루살렘 성전이 아니라 성도들의 모임인 교회가 성전이 되었습니다. 성전에서 가장 중요한 것은 누구든지 하나님을 만나서 죄 용서받고 어려움을 해결받고 변하여 새사람이 되는 것입니다.

어느 작은 개척 교회에 아주 매력적으로 생긴 부인이 찾아와서 열심히 신앙생활을 했습니다. 그런데 원래 그 교회에 다니고 있던 부인들은 별로 매력적이지 못했던 것 같습니다. 그래서 그들은 이 부인이 잘난 체하기 위하여 자기들의 교회를 찾아왔다고 생각해서 이 부인을 잘 대해 주지 않고 차별을 했습니다. 그런데 나중에 알고 보니까 이 부인은 암으로 수술을 하고 회복 중에 있는 분이었습니다. 그 부인은 겉으로 보기에는 아무 어려움이 없는 사람 같았지만 마음속으로는 지푸라기라도 잡고 싶은 간절한 마음으로 교회에 나오고 있었던 것입니다.

사람들이 자발적으로 하나님 앞에 나아오는 것은 갈급함이 있고 어려움이 있기 때문입니다. 교회는 그런 사람들이 하나님을 만나서 은혜를 받고, 새 힘을 얻고, 용기를 얻을 수 있도록 도와주어야 합니다. 그렇게 하는 데 가장 중요한 것이 이런 분들이 하나님을 만나는 데 방해가 되는 장애물들을 다 치워 버리는 것입니다.

그런데 그렇게 다양한 형편과 처지에 있는 사람들이 어떻게 하나님을 만날 수 있습니까? 그것은 바로 하나님의 말씀을 듣는 것입니다. 설교의 신비가 바로 이것인데, 다양한 형편에 있는 교인들이 하나님의 말씀을 들을 때에 각자의 형편에 맞도록 성령께서 듣게 해 주시는 것입니다. 만약 교회가 이 설교의 신비를 잃어버린다면 강의나 강좌를 좋아할 것입니다. 왜냐하면 성도들이 지식을 전달하는 것을 설교라고 생각하게 되기 때문입니다. 교회는 사람들이 은혜받는 데에 장애가 될 만한 것들을 두지 말아야 합니다. 교인들이 오직 하나님의 말씀을 만날 수 있도록 해 주어야 하는 것입니다.

다른 사람을 사랑한다고 하면서 자신이 원하는 방식으로 사랑하는 것은 진정한 사랑이 아닙니다. 많은 부모님들이 자식을 사랑한다고 하면서 고액 과외를 시키고 비싼 옷이나 물건을 많이 사 주지만 자식들에게 진정으로 필요한 것은 그의 말을 들어주고 그를 이해해 주는 것일 수도 있습니다. 예수님은 우리 믿는 자들에게 "새 계명을 너희에게 주노니 서로 사랑하라"(요 13:34)라고 말씀하셨습니다. 하나님께서 우리에게 주신 최고의 선물은 하나님의 사랑입니다. 하나님의 사랑은 우리에게 '너는 이런 사람이 되어야 한다'고 강요하지 않습니다. 하나님께서는 우리를 있는 그대로 받아 주시고 인정해 주시는 것입니다.

많은 경우에 사랑을 좋아하는 감정이라고 생각합니다. 그런데 내가 아무리 상대방을 좋아한다 하더라도 상대방이 나를 싫어한다면 사랑할 수 없는 것입니다. 그런데도 억지로 사랑하려고 하면 그 사람을 괴롭히는 것밖에 되지 않습니다.

요즘 가수나 유명 배우들 중에서는 극성팬에게 스토킹을 당하는 사람들이 많이 있습니다. 시도 때도 없이 전화를 하고, 집에 찾아가기도 하며, 심한 경우에는 폭행을 하기도 합니다. 그래서 스토킹을 한 사람을 체포해서 왜 스토킹을 했냐고 물어보면 그 배우나 가수를 사랑하기 때문이라는 것입니다. 그러나 이런 사랑은 자기는 좋을지 몰라도 상대방에게는 엄청난 폭행이 되고 위협이 됩니다. 어떤 사람이 나를 사랑하기 때문에 욕을 하고, 사랑하기 때문에 때린다면 그런 사랑은 받지 않는 것이 훨씬 나을 것입니다. 그래서 매 맞는 아내는 사랑에 대하여 굉장히 혼란을 느낍니다. 왜냐하면 남편이 때리고 난 뒤에는 잘못했다고 하면서 더 잘해 주고, 그다음에는 또 때리는 것입니다. 자기 방식으로 사랑하는 것은 사랑하는 것이 아닙니다.

2. 교회 안에서의 차별

교인들이 교회에 나오는 것은 사람들을 만나기 위해서나 목사의 좋은 설교를 듣기 위해서가 아닙니다. 교인들이 교회에 나오는 것은 영광스런 하나님을 만나기 위해서입니다. 우리가 교회에 모이는 것은 바로 하나님의 말씀을 듣기 위해서이지 화려한 옷을 입은 사람을 만나기 위해서도 아니고 멋진 강연을 듣고 지식을 얻으려고 오는 것도 아닌 것입니다.

그러므로 우리는 교회에서 다른 사람을 대할 때 나와 똑같이 은혜가 필요한 사람으로 대해야 합니다. 만약 우리가 예배를 드리는데 유명한 배우가 오거나 정치인이 오더라도 그를 한 형제나 자매로 생각해야 하는 것입니다.

> "만일 너희 회당에 금 가락지를 끼고 아름다운 옷을 입은 사람이 들어오고 또 남루한 옷을 입은 가난한 사람이 들어올 때에"_약 2:2

여기서 "회당"은 교회당을 말합니다. 그러나 당시에는 정식 회당이 거의 없었고 대부분 아주 조그마한 집의 큰 방 같은 데서 모이곤 했습니다. 그런데 이 조그마한 교회에 화려하게 차려 입은 한 사람이 찾아온다는 것입니다. 이것은 엄청난 일이 아닐 수 없었습니다. 늘 가난하고 별 볼 일 없는 사람들만 모이는 곳에 유명한 사람이나 부자가 와서 예배를 드린다면 난리가 날 것입니다. 그래서 그가 앉을 자리를 준비하고, 또 어떻게 해서든지 기분이 좋게 해 주려고 애를 쓸 것입니다. 그런데 거기에 또 아주 남루한 옷을 입은 사람이 찾아오는데 사람들은 그를 환영하지 않고 거기 서 있든지 밑바닥에 앉든지 하라고 한다는 것입니다.

그러나 누구든지 예배드리는 곳에 왔다는 사실은 하나님이 초대한 것이고, 이것은 영광스러운 일입니다. 여기에는 차별이 있을 수가 없습니다. 그런데 초대 교회 목회자나 교인들도 인간이기 때문에 부자나 높은 사람이 오면 좋은 자리를 마련해 주고, 가난한 자들이 오면 본체만체했던 것입니다.

"너희는 도리어 가난한 자를 업신여겼도다 부자는 너희를 억압하며 법정으로 끌고 가지 아니하느냐 그들은 너희에게 대하여 일컫는바 그 아름다운 이름을 비방하지 아니하느냐"_약 2:6-7

아마도 야고보 사도는 밖에서는 교회를 무시하고 교인들을 압제하면서 다른 한편으로는 사람들의 칭찬을 받기 위하여 거드름을 피우면서 교회에 등장하는 사람을 생각하고 있는 것 같습니다. 사실 이런 사람이 왜 교회에 나와서 예배를 드리는지 이해가 되지 않습니다. 그러나 이러한 사람들은 당시에만 있었던 것이 아닌 것 같습니다. 요즘에도 교회가 커지고 유명해지면 이런 사람들이 많아지는 것입니다. 그러나 사실 교회에 나오는 사람들은 나름대로 어려움이 있고 고통이 있어서 하나님의 도우심을 바라고 나오는 사람들입니다. 그렇지 않으면 좋은 이 세상을 두고 굳이 교회에 나와서 시간을 보낼 필요가 없는 것입니다.

어떤 사람이 화려한 옷을 입고 교회에 나왔습니다. 그의 마음속 깊은 곳에 아픔이 있고 고통이 있기 때문입니다. 그러나 집이나 직장에서는 모든 사람들이 그에게 "예, 예" 하면서 굽실거립니다. 사람들은 그의 마음속 깊은 곳에 있는 아픔과 괴로움을 알지 못하는 것입니다. 그래서 사람들이 그의 겉모습만 보고, '아, 이 사람은 있는 사람이다. 이 사람을 붙들면 우리에게 많은 유익이 될 것이다' 라고 생각해서 잘해 주고, 가난한 사람을 보고서는 '저런 사람은 아무리 많아도 우리에게 부담만 될 뿐이다. 그가 나오든지 말든지 상관하지 않겠다' 라고 하면서 차별한다면 그 교회는 스스로 자기 자신을 멸시

하고 있는 것입니다. 왜냐하면 예수님은 그런 마음을 가진 자들과 함께하시지 않기 때문입니다.

이때 좋은 옷을 입은 사람들이 무슨 생각을 하겠습니까? 그들은 '아, 교회라고 해서 와 봤더니 여기도 세상과 별로 다른 것이 없구나. 교회도 별것 아니네' 라고 하면서 교회를 업신여길 것입니다. 그리고 가난한 사람은 가난한 사람들 나름대로 '교회도 외모를 보고 사람을 차별하는구나. 교회나 세상이나 다를 바가 없다' 라고 생각할 것입니다. 그러면 결국 교회는 자기 스스로를 부정하는 것밖에 되지 않는 것입니다.

교회에 오는 자들은 위로를 받고 인정을받고 싶어서 교회에 나오는 것입니다. 이러한 사람들을 진정으로 위로하는 방법은 겉모습만 보고 이기심에 따라 피상적으로 대하는 것이 아니라 하나님의 말씀을 듣게 하는 것입니다. 그러면 그들은 성경이 너무나도 정확하게 자기 이야기를 하고 있는 것을 느낄 것입니다.

얼마 전에 교회에 나온 지 얼마 되지 않은 분에게 요즘 신앙생활이 어떠냐고 물어보았습니다. 그분은 자기가 가지고 있는 모든 문제들에 대해서 설교 시간에 해답을 얻기 때문에 너무나도 행복하게 신앙생활을 하고 있다고 대답했습니다. 이때 교회는 영광스러워집니다.

좋은 옷을 입은 사람도 누군가가 자기에게 따끔하게 진실된 이야기를 할 때, '아, 이 모임은 정말 사람의 겉만 보고 판단하는 값싼 모임이 아니구나' 라고 생각하면서 깊은 감동을 받습니다. 그러므로 우리는 다른 사람의 옷이나 치장을 볼 것이 아니라 그 사람의 마음속 깊은 곳에 있는 죄의식과 두려움과 불안을 볼 수 있어야 합니다. 화려한 옷과 짙은 화장 뒤에 감추어져 있는 낙심과 좌절을 보아야 합니다. 사람들은 특히 죄를 많이 지을수록 짙고 화려한 화장으로 자기를 가리려고 합니다. 그러나 그 깊은 상처가 치료될 때에 뜨거운 눈물이 흐르면서 화장이 지워지는 것입니다. 그러므로 우리는 '저 사람을 잘 붙들면 어떤 유익이 있을까?'를 생각하지 말고, '어떻게 하면 저 사람을 바로 도와줄 수 있을까?' 를 생각해야 합니다.

우리는 선입관을 철저하게 버려야 합니다. 왜냐하면 사람은 누구든지 대화를 나누어 보기 전에는 절대로 그 사람을 바로 이해할 수가 없기 때문입니다.

교회 청년들이 예쁘거나 잘생긴 청년이 오면 관심을 더 가지고, 매력적이지 않은 청년이 오면 무관심하다면 이것은 하나님의 영광을 깎아내리는 것입니다. 그래서 교회는 언제나 말씀 중심이 되어야 합니다. 왜냐하면 사람들은 말씀을 통해서 하나님을 만나기 때문입니다. 그런데 교회에서 말씀이 없어지고 행사나 사업이 위주가 되는 것은 돈 있는 사람이나 머리 좋은 사람에게 손을 벌리는 것입니다. 그러면 그 사람들은 교회를 우습게 알게 됩니다. 그러나 하나님의 말씀을 듣는 것에는 돈이 있거나 없거나 젊었거나 늙었거나 차별이 없습니다. 사람은 누구든지 위로가 필요합니다. 그러나 그것은 피상적이고 형식적인 칭찬 몇 마디로는 절대로 채워질 수 없습니다. 그것은 하나님의 말씀과 성령만이 채울 수 있는 부분인 것입니다.

3. 이웃을 사랑하는 방법

초대 교회 교인들은 예수님의 "네 이웃을 네 자신 같이 사랑하라" (마 22:39)라는 말씀을 세 가지로 이해했습니다.

그 첫째는 사랑받으려고 하기 이전에 먼저 다른 사람을 사랑해 주는 것입니다. 예수님은 "남에게 대접을 받고자 하는 대로 너희도 남을 대접하라"(마 7:12)라고 하셨습니다. 사람들은 모두 사랑받기를 원하지 사랑을 주려고 하지 않습니다. 그리고 모두 앉아서 대접을 받고 싶어 하지 자기 돈을 내어서 남을 대접하려고 하지 않습니다. 그래서 이웃을 내 몸처럼 사랑하는 것은 내가 먼저 대접해 주고, 내가 먼저 인사하고, 내가 먼저 사과하고, 내가 먼저 찾아가서 용서를 구하는 것입니다.

그러면 결국 이 세상에서 나만 손해를 보는 것이 아닐까요? 예수님은 결코 그렇지 않다고 말씀하십니다. 누구든지 다른 사람에게 사랑을 베풀면 하나님은 그 사람을 아들로 인정하신다고 하셨습니다.

그래서 남이 나에게 잘해 주기 때문에 나도 잘해 주는 것은 이웃을 진정으로 내 몸처럼 사랑하는 것이 아닙니다. 이것은 이기적인 사랑이며 계산적인 사랑인 것입니다. 우리 예수님의 사랑은 내가 왜 저 사람을 사랑해야 하는지 이유를 알지 못하는 사랑입니다.

우리나라가 군사 정권 밑에서 고통받을 때 천주교는 고통당하는 사람들의 편에 서서 방패가 되어 주었습니다. 그래서 전 세계에서 유독 우리나라의 천주교가 부흥되고 있습니다. 사람들은 어려울 때 자기에게 관심을 가져주고 사랑해 준 사람을 믿는 것입니다. 그동안 개신교는 예배당을 넓히고, 묘지 터를 사고, 기도원을 짓기에 바빴습니다.

둘째로, 초대 교인들은 본문의 "사랑"을 부부 사이에 적용했습니다. 남편은 아내를 자기 몸 같이 생각하라는 것입니다. 어느 누구에게나 가장 가까운 이웃은 역시 배우자인 것입니다. 사람들은 오히려 가장 가까운 사람에게는 모든 것이 당연하기 때문에 소홀히 하기 쉽고 무관심하기 쉽습니다. 많은 사람들이 결혼하기 전에는 상대방을 자기 사람으로 만들기 위해서 노력하지만 결혼한 후에는 내팽개치고 자기의 취미 생활이나 성공을 위해서 모든 노력을 쏟습니다. 그러므로 인간에게 가장 위대한 것은 가장 가까운 사람을 사랑하는 것입니다. 가장 가까운 사람을 사랑하지 않고 먼 데 있는 사람을 사랑한다는 것은 거짓말이고 위선입니다. 자기 교회의 목사님이나 교인을 사랑하지 않으면서 외국에 있는 사람들을 사랑한다는 것은 거짓말인 것입니다.

남편이 아내를 헌신적으로 사랑하면 아내가 행복을 느끼고, 아내가 행복하면 남편을 또 그렇게 사랑하게 됩니다. 그러나 많은 경우 여성들은 남편에게 인정을 받지 못하고 사랑을 받지 못해서 의욕이 없이 지냅니다. 사람이 사랑을 받으면 무한한 능력을 발휘할 수 있습니다. 그러나 우리 사회에는 아직도 매 맞는 아내가 있고, 욕을 먹는 아내가 많은 것입니다. 몇 년 전에 어느 유명한 개그우민이 남편에게 폭행을 당해 온 사실을 폭로해서 우리 사회에 충격을 준 사건이 있었습니다. 그는 남을 웃겼지만 자신은 매를 맞는 비참한 아내였던 것입니다.

셋째로, 초대 교회 사람들은 이 계명을 교회 안에서 부자와 가난한 사람을 차별하지 않는 것으로 적용했습니다. 즉 누구든지 교회에 올 때 사람의 외모나 조건을 보지 말고 오직 소중한 한 영혼으로 상대하는 것이 이웃을 내 몸처럼 사랑하는 것입니다.

제가 어렸을 때 다녔던 교회는 헌금 시간이 되면 헌금위원들이 화려한 한복을 입고 봉사했습니다. 그러니까 여성도들이 서로 더 좋은 한복을 입으려고 경쟁을 하게 되었습니다. 그런데 그 교회는 시장 옆에 있기 때문에 몸뻬를 입고 교회에 오는 사람도 있었는데 장사하는 분들은 헌금 시간만 되면 화려한 한복에 시험이 들곤 했습니다.

결국 당회에서 이 사안을 놓고 고민하며 의논한 끝에 모든 헌금위원들에게 검은 가운을 입도록 결정하였습니다.

'고아의 아버지'라 불리는 조지 뮐러는 독일 태생으로, 할레 대학을 졸업하고 영국으로 건너가 고아원을 세워 2천 명이 넘는 고아를 기도로 양육했습니다. 그런데 그가 처음으로 영국의 어떤 교회에 부임했을 때 교회의 좌석에 가격이 매겨져 있는 것을 보았는데 강대상 맨 앞에서부터 높은 가격이 매겨져 있었습니다. 그것이 무엇인가 알아 보았더니 교회를 운영하기 위하여 어쩔 수 없이 지정석을 만들었다는 것입니다. 자릿값을 낸 사람은 그 지정석에 앉았고, 자릿값을 낼 수 없는 사람들은 뒤쪽이나 바깥쪽에 앉아야만 했습니다.

좌석 요금제로 귀가 어두운 가난한 한 성도가 항상 맨 뒷자리에 앉는 것을 마음 아파했던 조지 뮐러는 성경적이지 못한 가격표를 없애려고 했는데 교회의 회계를 담당하는 사람이 깜짝 놀라면서 반대했습니다. 그 가격표를 없애면 교회 운영이 되지 않는다는 것이었습니다. 그러나 조지 뮐러는 교회 안에서 돈으로 자리가 정해짐으로 교인들 간에 가진 자와 가지지 못한 자의 차별이 생기는 것을 염려했고, 결국 좌석 요금제를 철폐하고 대신 헌금함을 만들어 교회의 정문 벽에 달아 놓았습니다. 그가 그 가격표를 없앤 후 교회는 그의 믿음대로 운영이 더 잘되었습니다.

> "내 사랑하는 형제들아 들을지어다 하나님이 세상에서 가난한 자를 택하사 믿음에 부요하게 하시고 또 자기를 사랑하는 자들에게 약속하신 나라를 상속으로 받게 하지 아니하셨느냐"_약 2:5

이 세상에서 가난한 자들은 아무것도 자랑할 것이 없고 뽐낼 것이 없는 자들입니다. 그런데 하나님께서는 이렇게 못난 사람들에게 더 큰 은혜와 축복을 주셔서 믿음에 부요하게 하십니다. 그러므로 우리는 세상에서 부족한 것이 많다고 해서 하나님 앞에서 불리한 것은 아니라는 사실을 알아야 합니다. 오히려 가난하고 부족하기 때문에 하나님께 더 큰 축복을 받을 수 있는 것입니다.

아무래도 돈이 많은 사람은 하나님만 의지하기 어렵습니다. 즉 하나님 외에도 신경을 쓸 데가 너무 많은 것입니다. 그래서 기도를 하면서도 간절한 마음으로 매달리기가 어렵습니다. 그러나 가난한 사람들은 오직 하나님 한 분만 생각합니다. 기도할 때에도 목숨을 걸고 기도하고, 신앙생활을 할 때에도 목숨을 걸고 신앙생활을 하기 때문에 하나님께서 더 사랑하시고 더 크게 축복하십니다.

교회도 가난하고 어려울 때 은혜가 넘칩니다. 그럴 때에는 교인들 간에 사랑이 있고 인정이 넘칩니다. 그런데 부자들이 많이 들어오고 교회가 더 커지고 유명하게 되려고 욕심을 내면서 교회에 사랑이 없어지고 서로 불신하는 분위기가 생깁니다. 교회는 기업이나 사업체가 아닙니다. 교회는 하나님의 성전이며 영적인 병원입니다. 모든 사람이 똑같이 하나님 앞에 나와서 인생을 치료받는 곳이 교회인 것입니다. 그런데 우리 한국 교회는 교회 성장제일주의를 추구하다 보니까 돈이 많이 필요하게 되었고, 결국 그 순수성을 잃어버리게 되었습니다. 교회가 불신을 당하면 크고 화려한 것이 무슨 소용이 있겠습니까? 예배에서 인생을 치료받지 못하면 그 예배는 사람을 기쁘게 하는 쇼이지 진정한 예배가 아닌 것입니다.

교회가 단지 사람의 겉모습만 보고 어떤 사람은 부자니까 중요하게 생각하고, 어떤 사람은 가난한 사람이니까 무시한다면 하나님의 영광을 몰아내고 있는 것입니다.

하나님에게는 모든 사람들이 똑같이 소중한 한 영혼입니다. 어린아이들이나 노인들도 다 소중한 한 영혼이며 무시당해야 할 이유가 없습니다. 부자들도 소중한 영혼이고, 가난한 자들도 소중한 영혼입니다.

"너희가 만일 성경에 기록된 대로 네 이웃 사랑하기를 네 몸과 같이 하라 하신 최고의 법을 지키면 잘하는 것이거니와 만일 너희가 사람을 차별하여 대하면 죄를 짓는 것이니 율법이 너희를 범법자로 정죄하리라"_약 2:8-9

예수님께서는 첫째가는 계명이 "네 이웃을 네 자신 같이 사랑하라"라고 하셨습니다. 만일 그렇게 하지 않으면 어떻게 됩니까? 성경은 그들을 범죄자로 정죄하겠다고 말씀합니다. 사도 야고보는 교인들을 겉만 보고 차별하는 것은 간음이나 살인과 마찬가지로 율법을 범하는 것이라고 말하였습니다.

예를 들어 교회가 선교나 교육이나 구제나 기도를 열심히 한다고 합시다. 그런데 다른 것은 다 잘하는데 돈 많은 사람과 가난한 사람을 차별한다면 범죄자가 되는 것입니다. 다시 말해서 그 많은 교육이나 선교를 하나님께서 기뻐하시지 않는다는 것입니다.

사실 한국 교회가 실패한 부분이 바로 이 부분입니다. 한국 교회는 세계에서 유일하게 새벽기도회의 전통을 가지고 있습니다. 그뿐 아니라 수요기도회와 금요 심야기도회를 통해서 기도의 제단을 쌓고 있습니다. 그리고 선교에 대한 열정도 대단합니다. 그러할지라도 교회가 부자나 돈 많은 사람들을 좋아하면 하나님은 그들을 축복하시지 않습니다. 이것은 살인하는 것과 마찬가지로 하나님의 말씀을 어기는 것입니다. 그러므로 교회는 "네 이웃 사랑하기를 네 몸과 같이 하라"라는 이 계명을 최고의 법으로 알고 지켜야 합니다. 사람을 겉으로 나타난 것만 가지고 판단해서 차별을 하면 안 됩니다. 한 사람 한 사람을 깊이 용납하고 이해하면서 모든 사람이 도움을 필요로 하는 사람이요, 위로와 은혜가 필요한 사람들인 것을 생각해야 합니다. 그렇게 하는 것이 이 계명을 지키는 것입니다.

실천 06

Practicing Christian

최고로 중요한 기준

| 약 2:8-9 |

만약 이 세상에 성공하는 비법이 있다면 사람들은 모두 그 비법을 배우려고 할 것이고 그 비법을 지키려고 할 것입니다. 예를 들어 학생들에게 이 비법대로 하기만 하면 전교 일등을 할 수 있다든지 혹은 사업가에게 이 비법대로 하기만 하면 사업에 성공할 수 있다고 하면 누구든지 그 비법을 배우려고 할 것입니다. 그리고 만약 그런 비법을 가르쳐 주고 설명해 주는 책이 있으면 베스트셀러가 될 것입니다. 그런데 이런 비법은 없습니다.

이 세상에서 성공하는 사람들에게는 공통된 특징이 있는데 그것은 다른 사람들보다 성실하다는 것입니다. 즉 게으르면서 성공한 사람은 아무도 없는 것입니다. 그뿐만 아니라 성공하는 사람은 실패를 두려워하지 않는 도전 정신을 가지고 있습니다. 이런 사람들은 일단 기회가 주어지면 과감하게 도전을 해서 성공을 움켜쥐는 것입니다.

그리고 이미 성공한 사람이 실패하는 데도 어떤 법칙이 있습니다. 그러나 사람들은 그것을 뻔히 알면서도 자기 자신에게 속아서 망할 때가 많습니다. 그 첫째가 과욕을 부리는 것입니다. 이미 어느 정도 성공했음에도 더 돈을 많이 벌고 더 높아지려고 욕심을 부리면 실패하게 되어 있습니다. 그리고 정치인이나 기업가가 법을 어기면 어느 순간 망하게 되어 있습니다. 정치인들이 검은돈의 유혹을 뿌리치지 못하면 언젠가는 망하는 것입니다. 또 기업가가 법을 어기고 회계 처리를 했다든지 합병이나 주가 조작을 하면 언젠가는 망하게 되어 있습니다. 요즘 대기업체 회장들 중에 감옥에서 건강이나 인생을 망친 사람들이 여러 명 있습니다. 더욱이 이미 유명하게 된 분들이 술자리에서 옆에 앉은 여성에게 성추행 같은 좋지 않은 행동을 하는데 그러면 바로 망하는 것입니다.

그런데 이런 성공 말고 더 큰 성공의 길이 있습니다. 그것은 바로 하나님 앞에서 큰 사람이 되는 것입니다. 하나님의 백성의 성공의 법칙 제1호가 시편 1편에 있습니다. "복 있는 사람은…오직 여호와의 율법을 즐거워하여 그의 율법을 주야로 묵상하는도다"(시 1:1-2). 그런데 우리는 하나님의 말씀을 주야로 묵상하는데 왜 성공할 수 없는 것일까요? 우리는 하나님 앞에서 큰 인물이 되어야 큰 복을 받을 수 있는데 우리 인간에게 가장 위대한 것은 하나님의 말씀을 읽고 배우고 묵상하는 것입니다. 이런 사람은 하나님 앞에서 엄청나게 큰 그릇이 됩니다.

사실 우리나라 사람들은 부지런하고 성실한 사람들이었습니다. 그런데 그 복은 영적 부흥의 복에서 시작된 것이었습니다. 하나님이 이 민족을 사랑하셔서 복을 주시니까 우리가 그 기회를 살린 것입니다. 하나님이 복을 주시지 않으면 아무리 성실하고 부지런해도 절대로 성공할 수 없습니다.

그런데 하나님의 백성에게도 망하는 법칙이 있습니다. 그 첫 번째 법칙이 역시 시편 1편에 나오는데 그것은 '오만한 자'가 되는 것입니다. "복 있는 자는…오만한 자들의 자리에 앉지 아니하고"라고 말씀하신 것입니다. 여기서 '오만한 자들의 자리에 앉지 않는다'는 것은 무조건 높은 자리에 앉지 않는다는 뜻이 아닙니다. 속에 든 것도 없으면서 높은 자리를 탐하거나 거기에 앉아서 거들먹거리지 않는 것을 말하는 것입니다. 그래서 옛사람들도 자기에게 맞지 않는 옷은 입지 말라고 하였습니다. 그런데 사람들은 자기에게 맞지도 않는 자리를 탐하고 거기서 이익을 추구하면서 말도 되지도 않는 엉뚱한 소리를 하는데 그것은 멸망의 첩경입니다.

우리는 모두 높은 자리에 오르고 싶어 하고, 신앙적으로도 성숙한 사람이 되고 싶어 합니다. 그런데 그것을 테스트하는 시금석이 있습니다. 이것을 오늘 말씀은 "최고의 법"이라고 말씀하고 있습니다.

1. 최고의 법칙

우리는 나름대로 세상에서 성공하기를 원하고, 어느 정도 성공하고 난 후에는 자신감을 가집니다. 예를 들어 운동을 한다든지 공부를 할 때 어느 정도 실력이 쌓이고 명성을 얻으면 성공했다는 생각이 들면서 자신감이 생깁니다. 마찬가지로 기업을 하는 사람도 처음에는 회사가 어려울 때도 있고 위태위태할 때도 있지만 어느 시점부터 안정권에 들어서면서 사회적으로 인정을 받으면 '이제는 성공을 했구나' 하는 자신감이 생기는 것입니다. 사람이 이렇게 자기가 하는 일에 대하여 어느 정도 수준에 오르고 자신감을 가지게 되었을 때 여유가 생기고 겸손하게 됩니다.

예를 들어 학생들이 공부를 시작할 때에는 공부하는 티를 내려고 하고 다른 사람들에게 인정을 받기 위해 남을 비판하고 자기주장을 하려고 애를 쓰지만 어느 수준 이상 올라가면 공부하는 티도 별로 내지 않고 누구와도 어울릴 수 있는 평범한 모습을 가질 것입니다. 이것은 부자도 마찬가지인데, 처음에 재산을 많이 모았을 때에는 돈이 많은 티를 내려고 하고, 무엇을 먹든지 무엇을 입든지 최고만 먹고 최고만 입으려고 합니다. 그러다가 어느 수준 이상이 되면 소탈해지면서 아무 것이나 먹고 아무 옷이나 입으면서 편하게 사람들을 대하게 됩니다.

그래서 사도 바울도 어느 정도 수준에 오르고 난 후에는 "비천에 처할 줄도 알고 풍부에 처할 줄도 알아"(빌 4:12)라고 말을 했습니다. 즉 어떤 사람이 부자만 보면 침을 튀겨 가면서 욕을 하거나 공부를 많이 한 사람을 미워하는 것은 아직 자기 안에 열등감이 있어서 그렇게 하는 것입니다. 그러나 하나님의 백성이 최고의 수준에 오르면 가난한 자와 부자를 똑같이 대하고, 또 자기가 부자이고 지식이 많아도 그것을 티를 내지 않습니다.

우리는 보통 사회적으로 가장 무서운 죄를 살인죄라고 생각합니다. 그래서 살인을 저지른 자는 사형이나 무기징역을 선고받고 평생 감옥에서 지내거나 사형을 당합니다. 그러나 학식이 있는 사람들이나 사회에서 어느 정도 성공한 사람들은 살인 같은 죄는 저지르지 않는 대신에 성추행이나 뇌물 수수 같은 것으로 인생을 망치는 것을 볼 수 있습니다. 교회 안에서는 칠계를 범하거나 이단 사상을 퍼뜨리는 것을 가장 큰 죄로 여겨 처벌을 합니다. 특히 요즘 사람들은 교회 에서 최고의 법은 정의라고 생각을 하고, 그 중에서도 경제적으로 정의로운 것을 최고의 법이라고 생각해서 큰 교회나 부자 교회를 욕하고 비난합니다.

그러나 본문은 "네 이웃 사랑하기를 네 몸과 같이 하라"라는 계명이 가장 중요한 계명이라고 말씀하고 있습니다. 즉 우리가 이 법을 지키는 것은 아름답고 성숙한 신앙, 즉 하나님이 기뻐하시는 믿음을 가지고 있다는 의미인 것입니다.

그러면 이웃을 내 몸처럼 사랑한다는 것이 도대체 어떤 것을 말하는 것일까요? 옛날에는 이사를 하면 시루떡을 돌리면서 인사를 했습니다. 그러나 요즘은 그런 것을 반가워하지 않는다고 합니다. 요즘은 앞집에 누가 사는지 모르고 지내는 경우도 있고, 아파트에서 위층과 아래층 사이에 소음 문제로 다투다가 살인까지 이어지는 경우도 있습니다. 그리고 단독 주택 같은 경우에는 주차 문제로 많이 다툽니다. 어떤 사람은 자기 집 앞에 다른 사람이 차를 주차하지 못하도록 부서진 의자나 물통 같은 것을 두었는데 그것을 치우고 차를 주차했다고 해서 싸우는 경우도 많은 것입니다. 그러면 이때 내 집 옆에 차를 대지 않고 먼 곳에 가서 대고 오면 이웃을 내 몸처럼 사랑하는 것일까요?

여기서 가장 중요한 것이 "네 이웃 사랑하기를 네 몸과 같이 하라"라는 것입니다. 이것은 이웃을 내 몸과 같이 사랑하라는 말입니다. 우리는 다른 사람을 정신적으로 사랑하는 것은 이해할 수 있지만 자신의 몸 같이 사랑한다는 것은 구체적으로 어떻게 사랑을 하라는 것인지 알 수 없습니다.

사람들은 대개 남을 사랑한다고 할 때 자신과 취향이나 출신이 비슷한 사람끼리 잘 지내는 것으로 생각하기 쉽습니다. 특히 유대인들은 이런 성향이 아주 강했는데 자기와 비슷한 처지의 사람들과만 친하게 지내고 그렇지 않은 사람들은 적대시하고 원수 취급을 했던 것입니다. 그러나 여기서 이웃을 몸같이 사랑하라고 한 것은 사람들은 누구나 자기가 생각하는 것처럼 편하기 원하고 좋은 것을 먹기를 원하고 행복하기를 바란다는 것입니다. 사람들은 대개 자기만 행복하고 자기만 좋으면 되지 다른 사람도 행복하기를 원하고 다른 사람도 마음속에 원하는 것이 있다는 것은 잘 알지 못합니다. 그러나 하나님은 내가 행복하고, 내가 존경받고 싶고, 내가 안전하기를 바라는 것처럼 다른 사람도 행복하고 싶어 하고, 존경받고 싶어 하고, 안전하기를 바란다는 것을 인정해 주라는 것입니다.

예를 들어 사람들은 자기는 돈을 벌기를 바라지만 자기가 저지른 불법 때문에 다른 사람들이 손해 볼 수도 있고, 다칠 수도 있고, 죽을 수도 있다는 것은 생각하지 않습니다. 오늘 우리 사회에서 어린 학생들이 무참하게 죽는 것은 내가 불법을 저지르는 것이 나에게는 돈벌이가 되고 이익이 되지만 그로 인해 다른 사람이 죽을 수 있다는 것을 생각하지 않기 때문입니다. 그런데 사람들은 돈벌이를 위해서는 수단과 방법을 가리지 않고, 직장에서 쫓겨나지 않기 위해서 부정을 저지르지만 결국 그런 부정이나 불법으로 인해 다른 사람들이 죽으면 자기 인생도 망하는 것입니다.

우리 몸은 음식을 먹지 않으면 배가 고프고 어딘가에 부딪치면 아플 것입니다. 하나님이 우리에게 원하시는 최고의 계명은 내가 더 높아지고 내가 더 똑똑해지기 이전에 다른 사람의 마음이나 육체를 아프지 않게 하라는 것입니다. 그래서 우리가 보기에는 매력적이지 않은 사람이나 공부를 잘하지 못한 사람이나 혹은 장애를 가진 분들도 좋아하는 사람과 만나 가정을 이루어서 행복하게 살 수 있어야 하고, 그들의 인격이나 그들의 인생이 무시당하지 않을 권리가 있는 것입니다.

　그래서 야고보 사도는 교회에서 가장 중요한 법은 교회에 온 사람들을 학벌이나 직업이나 외모를 보고 차별하지 않는 것이라고 말하고 있습니다. 즉 누구든지 교회에 왔다는 것은 하나님이 그를 직접 초청해서 온 것이고, 교회에 와서 예배를 드린다는 것은 어느 누구도 방해할 수 없는 영광된 축복인 것입니다. 사람은 자기 영혼을 구원받기 위해 교회에 오는 것인데 어느 누구도 이것을 방해해서는 안 된다는 것입니다.

2. 교회가 사람을 차별한다는 것

　오늘 우리는 교회에서 상처를 받은 사람이 의외로 많은 것에 놀랍니다. 그 중에 어떤 분들은 그 상처가 너무 커서 교회에 다니지 않을 것이라고 말을 합니다. 교회는 사람들의 인생을 치료하고 새로운 용기를 주는 곳이 되어야 하는데 왜 그렇게 많은 사람들이 오히려 교회에서 상처를 입고, 병이 들어서 교회를 멀리하는 것일까요? 가장 중요한 이유가 교회에 있어야 할 것이 없고, 없어야 할 것들이 교회를 가득 채우고 있기 때문입니다. 그렇게 되면 사람들은 교회에서 도움을 받지 못하고 오히려 상처만 입고 더 병들어서 교회를 떠나는 것입니다.

　사람들이 교회에서 상처를 받는 이유 중에 가장 큰 이유가 교회에 하나님의 영광이 없기 때문입니다. 사람들이 교회에 가는 이유는 하나님을 만나기 위해서입니다. 그런데 교회에 하나님은 안 계시고 사람의 영광만 가득할 때 사람들은 하나님을 만날 수 없게 됩니다. 그 중에 가장 문제가 되는 것이 교회에 가면 헌금을 내라는 말을 너무 많이 한다는 것입니다. 사실 교회가 빨리 성장하려면 땅도 필요하고 건물도 지어야 하기 때문에 헌금이 많이 필요합니다. 그러나 교인들은 교회가 커지는 것보다 더 절박한 필요가 있어서 교회를 찾는 것입니다. 그런데 교회가 돈이 많아서 헌금을 많이 하는 사람들을 우대하고, 교수나 변호사나 의사 같은 지식층의 사람들을 우대하는 반면에 가난하고 무식한 사람들은 별로 좋아하지 않을 때 교회는 사실상 자기의 사명을 망각하고 있는 것입니다.

교회에서 가장 중요한 것은 하나님의 말씀을 듣는 것입니다. 우리는 하나님의 말씀을 들으면서 자신의 문제를 보게 되고 치료를 받고 위로를 받습니다. 그러나 하나님의 말씀은 단단한 암반층 아래에 있는 보물과 같아서 그것을 캐내는 것이 쉽지 않습니다. 그런데 학식이 풍부한 사람들은 자신의 지적인 호기심을 채워 줄 수 있는 설교를 좋아하고, 성공한 사람들은 자신을 인정해 주고 앞으로 더 성공하는 축복의 설교를 듣기 원하는 것입니다. 그래서 목회자가 이들의 요구대로 설교를 하다 보면 성경이 말하지 않는 거짓 설교를 하게 되고 엄청난 인기를 끌게 됩니다. 그러나 이것은 이웃을 내 몸 같이 사랑하지 않는 것입니다.

특히 사람들은 변화되기 전에는 모두 야생동물과 같아서 공격적인 성향을 가지고 있습니다. 그런데 하나님의 말씀은 우리를 양으로 변화시키려고 하는데 이리가 양이 되면 손해를 본다고 생각해서 사람들은 가능한 한 변하지 않으려고 합니다. 그래서 하나님의 말씀을 내 중심에 두기보다는 테크닉만 배워서 세상에서 성공하는 데 도움을 받으려고 하는 경우가 많습니다. 그런데 우리가 형제나 자매를 진정으로 사랑한다면 그들을 하나님의 말씀으로 이끌어야 하고 그들의 중심에 변화가 일어나도록 도와주어야 하는데 이것이 사람들에게는 인기가 없는 것입니다.

그뿐만 아니라 우리가 다른 사람을 사랑한다고 하지만 죄로 인해 망가진 모습을 사랑하는 것이 아닙니다. 우리는 그 사람이 하나님의 사랑으로 회복될 아름다운 모습을 사랑하는 것이지 죄에 빠진 지금의 상태를 사랑하는 것이 아닌 것입니다.

예를 들어 어떤 여성이 있는데 술집에서 일을 한다고 합시다. 물론 술집에서 일을 하고 있는 그 여성을 사랑하는 것도 사랑이지만 진정한 사랑은 그 여성을 바른 상태로 회복시키는 것입니다. 불량배끼리 의리를 지키는 것도 중요하지만 그런 상태에서 벗어나게 하는 것이 사랑인 것입니다.

제가 오래전에 서울에서 전도사로 있을 때 시청 근처에 있는 어떤 일식집에서 종업원들과 2년 가까이 성경 공부를 했습니다. 그 종업원들은 말이 종업원이지 일식집에서 술을 접대하는 사람들이었습니다. 그런데 제가 거기서 성경 공부를 하는 동안에 여러 사람이 교회에 가서 세례를 받았고, 그 직장을 떠나서 정상적인 결혼을 했습니다. 제가 그곳을 떠날 때 그들은 저에게 점퍼를 하나 사 주었습니다. 저는 그때의 시간들을 지금까지도 소중한 추억으로 생각하고 있습니다.

사람들이 외모만 보고 다른 사람을 사랑하는 것은 너무나도 이기적인 사랑입니다. 반면에 이웃을 아무 조건 없이 내 몸처럼 사랑하는 것은 그들의 존귀함을 회복시켜 주는 사랑인 것입니다.

3. 자유의 율법

교회가 외모를 가지고 사람들을 차별하는 것은 그 사람을 이용하려는 것이고 교회에서 하나님의 영광을 가리는 죄를 짓는 것입니다.

"만일 너희가 사람을 차별하여 대하면 죄를 짓는 것이니 율법이 너희를 범법자로 정죄하리라"_약 2:9

교회에서 가장 삼가야 할 것이 돈이 있는 사람과 없는 사람, 공부를 많이 한 사람과 많이 배우지 못한 사람을 차별하는 것입니다. 사람들이 교회에 오는 것은 영혼을 구원받으러 오는 것이고 하나님을 만나러 오는 것이지 나를 만나서 도움을 주려고 오는 것이 아닌 것입니다. 교회에 나오는 사람들은 하나님을 만나야만 하는 절박한 필요가 있어서 교회를 찾는 것입니다. 물론 자신의 절박한 필요를 모르면서 교회에 오는 분도 있습니다. 그러나 자신은 알지 못하지만 하나님은 알고 계시는 것입니다. 그런데 만일 사람을 직업이나 성공을 가지고 차별한다면 그 본인에게는 하나님을 만날 기회를 빼앗는 것이요, 다른 많은 사람들도 비참하게 만들고 실족시키는 결과를 가져옵니다.

그래서 본문을 보면 심각한 말씀을 하고 있습니다.

"간음하지 말라 하신 이가 또한 살인하지 말라 하셨은즉 네가 비록 간음하지 아니하여도 살인하면 율법을 범한 자가 되느니라"_약 2:11

본문 말씀은 사람을 차별하는 것은 간음죄나 살인죄와 같은 죄인이 된다는 것입니다. 우리 한국 교회의 문제는 바로 여기에 있습니다. 열심히 기도하고 말씀 듣고 제자 훈련을 하고 구제하는 것은 좋은데 부자를 좋아하고 배운 사람들을 좋아하는 것입니다. 결국 이것은 범죄자들의 선교, 범죄자들의 교육, 범죄자들의 제자 훈련이 될 수밖에 없습니다. 가난하고 어려운 사람들 앞에서 부자인 티를 내고 지식인의 티를 내는 것은 아직 그가 하나님 앞에서 미숙한 자이며, 열등감에 차 있다는 것을 보여 주는 것입니다.

물론 우리도 인간이기 때문에 더 좋은 사람이 있고, 더 자기 스타일에 맞는 사람이 있지만 이것을 부정하지 않으면 능히 그리스도의 제자가 될 수 없고 영광된 교회가 될 수 없습니다. 만일 우리가 세상의 모든 자랑을 다 내려놓고 자기를 부인하고 하나님 앞에 모이면 우리 안에 뜨거움이 임하고, 감동이 임하고, 눈물이 폭포수같이 쏟아지면서 상한 마음들이 치료되고, 망가진 인생이 치료되고, 병이 기적적으로 낫는 것을 체험할 것입니다. 왜냐하면 갈릴리에 계시던 그 주님이 우리 가운데 함께 계시기 때문입니다.

예수님은 라오디게아 교회에 편지를 보내시면서, "볼지어다 내가 문 밖에서 두드리노니"라고 말씀하셨습니다. 라오디게아 교회는 주님을 문 밖에 세워 두고 자기들끼리 잔치를 하고 있었던 것입니다.

"너희는 자유의 율법대로 심판받을 자처럼 말도 하고 행하기도 하라"_약 2:12

여기에 보면 "자유의 율법"이라는 말이 나옵니다. 즉 사람들 중에는 예수 그리스도의 보혈로 죄 씻음을 받으면 되지 또 무슨 계명이 필요하고 율법이 필요하냐고 묻는 사람들이 있습니다. 사실 오래전에 우리나라에서 예수 믿으면 구원을 얻는다는 복음 전도가 엄청난 전도의 문을 열었지만 그 이상으로 실패를 경험했습니다. 즉 사람들이 우리는 이미 구원받았으니까 설교도 들을 필요가 없고 교회에 와서 다른 사람들을 가르치고 선교만 하면 된다고 주장을 한 것입니다. 물론 우리는 예수님의 십자가 보혈로 모든 죄에서 씻음을 받았지만 그럼에도 우리의 말이나 행동에는 책임이 뒤따르고 심판이 뒤따릅니다. 결국 나의 말과 행동으로 많은 사람을 살리는 것이 우리의 책임인 것입니다.

이 세상에서 우리가 해야 할 중요한 일 중의 하나는 다른 영혼을 살리는 것입니다. 그래서 우리가 다른 사람에게 줄 수 있는 최고의 사랑은 하나님의 말씀을 주는 것입니다. 그런데 사람들이 가장 원치 않는 것이 하나님의 말씀입니다. 사람들은 다른 사람이 자기에게 관심을 가져주는 것을 좋아합니다. 그리고 사람들은 다른 사람이 물질이나 다른 방법으로 도와주는 것을 좋아합니다. 그러면서 다른 한편으로는 우리가 자기들에게 말씀을 주어서 예수 믿게 할까 봐 두려워하는 것입니다. 그러므로 우리는 복음을 전하기 전에 먼저 그들에게 정직하게 그들을 받아들이는 모습을 보여 주어야 합니다. 이 세상 사람들은 다른 사람을 만날 때 자기의 이익이나 즐거움을 위해서 만나지만 우리 그리스도인들이 상대방의 이익을 위하고 그의 행복을 위해서 조심스럽게 대할 때 결국 마음 문을 여는 것입니다.

그래서 예수님은 제자들을 세상에 보내시면서, "내가 너희를 세상에 보냄이 양을 이리 가운데 보냄과 같도다"(마 10:16)라고 말씀하셨습니다. 이 세상은 강한 자들이 약한 자들을 잡아먹는 세상입니다. 사람들이 힘을 가지려고 하고 높은 자리에 올라가려고 하는 것도 잡아먹히지 않고 잡아먹기 위해서입니다. 이것이 바로 야생동물의 세계이고 맹수의 세계인 것입니다. 그래서 약한 자들은 당할 수밖에 없고, '을' 이 될 수밖에 없습니다. 그러다가 궁지에 몰리면 결국 자살을 선택하는 것입니다. 그러나 그리스도인들은 양입니다. 우리는 굳이 남을 이길 필요가 없고 잡아먹을 필요도 없습니다. 우리는 모든 사람이 하나님의 사랑의 대상이며 예수를 믿기만 하면 천사 이상의 존재가 된다는 것을 압니다. 적어도 예수 믿는 사람들은 다른 사람에 대하여 공격적이지 않습니다. 사람들은 우리의 이런 모습을 보고 바보인 줄 알고 함부로 대하는데 나중에 보면 자기들과는 비교할 수 없는 존귀한 하나님의 사람들인 것입니다.

요즘 사람들은 일부러 처음부터 기선을 제압하려고 하고, 업신여김을 당하지 않기 위해서 강해지려고 합니다. 그래서 언어도 점점 공격적이고 신랄해져서 어떤 때는 위협을 느낄 때도 있습니다. 그것은 모두 자신이 없어서 그런 것입니다. 그런데 우리가 하나님 앞에서 자신이 있으면 얼마든지 바보가 될 수 있습니다. 그리고 이런 사람이 다른 영혼을 얻을 수 있는데, 단 한 영혼만 얻는다 해도 그는 온 천하보다 더 큰 상급을 받게 되는 것입니다.

지금 우리 주위에는 하나님의 보물들이 돌아다니고 있습니다. 예수님은 제자들에게, "내가 너희를 사람을 낚는 어부가 되게 하리라" (마 4:19)라고 말씀하셨습니다. 하나님 앞에서 다른 영혼을 너무 사랑한 나머지 자기주장이나 이기심이나 모든 것을 다 버린 사람이 하나님 앞에서 가장 큰 사람이고 위대한 신앙의 사람인 것입니다.

"긍휼을 행하지 아니하는 자에게는 긍휼 없는 심판이 있으리라 긍휼은 심판을 이기고 자랑하느니라"_약 2:13

여기서 "긍휼"은 다른 사람을 이해하는 것이고, 자기 자신을 다른 사람에게 맞추는 것입니다. 이런 사람들은 심판을 이깁니다. 그러나 긍휼을 베풀지 않고 자기 생각대로, 자기 고집대로 믿는 자는 하나님도 그의 요구를 들어주시지 않고 그를 버리십니다.

우리는 오늘 하나님 앞에서 모두 자신감을 가지기를 바랍니다. 교회 안에서는 돈이 많거나 적거나, 좋은 학교를 다녔거나 그렇지 않거나 아무 차이가 없습니다. 우리 모두 하나님을 만나고 축복받아 새 인생을 사시기 바랍니다.

실천 07

Practicing Christian
살아 숨쉬는 신앙

| 약 2:14 |

우리나라의 야구 선수로서 미국에서 맹활약을 하던 선수가 있었습니다. 그 선수는 우리나라의 국민들이나 어린이들에게 많은 기쁨을 주고 희망을 주었습니다. 그런데 어느 날부터 그 선수는 전혀 활약을 하지 못하게 되었습니다. 그 이유를 알아 보니까 그동안 너무 무리하게 공을 던져서 어깨의 근육이 딱딱하게 굳었다는 것입니다. 겉으로 보기에는 아무 이상이 없는 것 같은데 그의 어깨는 굳을 대로 굳어져 있었던 것입니다. 만약 수술을 하고 재활 훈련을 해서 그의 어깨를 다시 살릴 수만 있다면 본인이나 그 팀에게 큰 유익을 줄 수 있을 것입니다. 그러나 만일 그의 어깨를 살려내지 못한다면 그의 야구 인생은 그것으로 끝나는 것입니다.

마찬가지로 우리가 볼 수 있는 동물들은 크게 세 가지 형태가 있습니다. 그 하나가 박물관에 박제되어 있는 동물입니다. 박물관에 가면 곰이나 사자나 독수리 같은 것을 살아 있는 것과 똑같은 모습으로 박제해 놓은 것을 볼 수 있습니다. 박제된 곰은 살아서 당장 덮칠 것 같고, 박제된 독수리는 당장 날아오를 것 같지만 실제로는 죽었기 때문에 움직이지 않습니다. 박제된 동물들은 살아 있는 것처럼 보이지만 실제로는 죽은 것입니다.

그리고 우리는 동물원에서도 동물들을 볼 수 있습니다. 동물원에 가면 사자나 곰이나 뱀 같은 것이 살아 있는 상태에서 갇혀 있습니다. 이 동물들은 당연히 살아 있기 때문에 먹이를 주면 먹고 그 우리 안에서 지냅니다. 그러나 우리에 갇힌 짐승들은 원래 자신들이 살던 영역에서 강제로 격리된 것이기 때문에 병원에 입원한 환자들처럼 약하고 신경질적이고 활동적이지 못합니다. 그래서 동물학자들은 종종 사람이 잡아서 키우던 짐승을 자연 상태로 돌려보내는 경우가 있는데 실패할 확률이 많다고 합니다. 즉 사람의 보호를 받던 동물들은 사냥도 하지 못하고 자연에 적응하지 못해서 스트레스를 받아서 죽든지 사람이 사는 곳을 배회하다가 총에 맞아 죽는 것입니다.

반면에 넓은 산이나 들판에서 자연스럽게 뛰어다니면서 먹이를 구하고 새끼를 낳아서 키우는 동물들은 우리에 갇혀 있지 않기 때문에 스트레스가 없고 자유롭습니다.

그런데 우리의 신앙도 동물과 마찬가지로 세 가지 형태가 있습니다. 그 하나가 바로 '박제된 신앙'입니다. 이렇게 박제된 신앙은 의식이 거창하고 사제나 목사들이 입는 옷도 화려한데 그 안에 생명이 없고 감동이 없습니다. 사실 예수님 당시의 유대교나 지금 우리가 보는 거창한 의식을 가진 종교들이 이 박제된 신앙입니다.

거기에 비해서 '우리에 갇힌 신앙'도 있습니다. 이 신앙은 아직 박제된 상태는 아니지만 그렇다고 해서 활발하게 살아서 활동하는 신앙은 아닌 것입니다. 이런 신앙은 자기 나름대로 열심히 하나님을 찾고 열심히 기도하고 성경을 읽는데 아직 하나님을 인격적으로 만나지 못한 신앙입니다. 그래서 이런 신앙은 늘 자신을 계율에 속박하려고 하고 더 하나님을 잘 믿어야 한다는 강박증을 가지고 살아갑니다.

그 반면에 인격적으로 예수님을 만나고 복음 안에서 기쁨으로 신앙생활을 하는 분들이 있습니다. 바로 이 신앙이 '살아 있는 신앙'인 것입니다. 그런데 살아 있는 신앙은 이 우리에 갇힌 신앙과 교회 안에 섞여 있는데 구별하기가 매우 어렵습니다. 그래서 사람들의 겉모습을 보면 모두 신앙이 건강한 사람들 같지만 사실은 그렇지 않은 경우가 많습니다.

그래서 가끔 큰 종교 행사를 하는 곳에 가 보면 사람들은 많이 모여 있고 의식은 거창한데 하나님은 찾아볼 수 없는 경우가 많이 있습니다. 그리고 그런 사람들은 그런 거창한 의식을 아주 좋아하는데 그 이유는 그의 신앙이 박제된 신앙이기 때문입니다. 오늘 우리에게 가장 어려운 것은 바로 이렇게 죽어 있는 신앙을 살려내는 것이고, 우리에 갇혀 있는 신앙을 풀어내는 것입니다.

1. 움직이지 않는 믿음

우리는 자신이나 다른 사람들이 신앙생활을 하는 것을 볼 때 같은 신을 믿고 있음에도 그 믿는 양상이 아주 다양하다는 것을 알 수 있습니다. 예를 들어 어떤 목사님이나 어떤 스님은 너무 권위적이어서 근접하기 어려운 반면, 어떤 분은 겸손하고 따뜻한 마음을 가지고 있어서 가까이해도 마음에 상처를 주지 않는 분이 있습니다. 그리고 어떤 분은 돈을 노골적으로 밝히고, 심지어는 성적인 범죄까지 저지르는 분들이 있는 것입니다.

오래전에 제가 전도사로 있을 때 제 친구의 아버지가 말기 암으로 돌아가시게 되었다는 전갈을 받았습니다. 그래서 저는 그 친구의 집을 찾아가서 친구와 그 동생을 데리고 집 뒤에 있는 관악산에 올라가 함께 밤을 새우면서 아버지의 병을 낫게 해 달라고 부르짖으며 기도했습니다. 저는 그때 "무엇이든지 믿고 구하는 것은 다 받으리라"(마 21:22)라는 말씀만 믿고 열심히 기도했습니다. 저는 일말의 의심도 하지 않았고, 제 친구에게도 너의 아버지는 곧 나으실 것이라고 말을 했습니다. 그러나 이틀 뒤에 그 친구의 아버지는 돌아가셨습니다. 저는 하나님은 믿고 기도하면 다 들어주신다고 해 놓고서 왜 우리의 기도를 안 들어주셨는지 이해가 되지 않았고 낙담되었습니다. 그래서 세상의 출세나 성공의 길을 버리고 영혼을 살리는 길을 가려고 생각하고 있는 중에 극도의 혼란에 빠졌습니다. 그때 저는 제 신앙이 굳어 있는 신앙이고 그것을 살려내는 데 얼마나 많은 고통과 헌신이 필요한지 알지 못했습니다. 즉 우리에 갇힌 신앙은 생각으로는 모든 것을 다 할 수 있을 것 같지만 그 우리에서 나오기 전에는 아무것도 할 수 없는 것입니다.

우리는 보통 얼마든지 그 일을 할 수 있다는 믿음을 신앙으로 생각하는데 그것은 신앙이 아니고 신념입니다. 신념이라는 것은 작은 장애들은 이길 수 있지만 자신의 힘으로 감당할 수 없는 큰 장애는 이길 수가 없습니다. 그러나 우리는 많은 경우 신념을 신앙으로 믿는 것입니다.

본문을 보면 행함이 없는 신앙은 아무 유익이 없다고 말하고 있습니다.

> "내 형제들아 만일 사람이 믿음이 있노라 하고 행함이 없으면 무슨 유익이 있으리요 그 믿음이 능히 자기를 구원하겠느냐"_약 2:14

이 세상에 살아 있는 사람들은 각기 다른 환경에서 다양한 모습으로 살아 있습니다. 예를 들어 건강한 사람들은 몸을 마음대로 움직일 수 있기 때문에 화재가 났다든지 어떤 큰 사고가 터졌을 때 정신만 잃지 않으면 자기 발로 걸어서 그곳을 빠져나올 수 있습니다. 그러나 만일 몸을 움직일 수 없는 환자나 노인 같은 경우에는 화재가 나거나 사고가 발생하면 의식은 뚜렷하기 때문에 분명히 이곳을 빠져나가야 한다는 것을 알지만 몸이 말을 듣지 않아서 목숨을 잃고 맙니다. 그런데 이처럼 우리 성도들 중에는 신앙적으로 몸을 움직이지 못하는 우리에 갇힌 신앙인이 너무 많은 것입니다. 그들은 결박을 끊고 우리의 문을 열고 갇혀 있는 데서 나와야 살 수 있는 것입니다.

사도 바울은 자기가 하나님을 믿는 줄 알았는데 나중에 알고 보니까 의식만 있지 몸은 죽어 있었다고 말했습니다. 그래서 그는 스스로 고백하기를, "오호라 나는 곤고한 사람이로다 이 사망의 몸에서 누가 나를 건져내랴"(롬 7:24)라고 부르짖었던 것입니다.

본문 말씀을 보면, "내 형제들아 만일 사람이 믿음이 있노라 하고 행함이 없으면 무슨 유익이 있으리요"라고 했습니다. 즉 사람이 스스로 자기는 하나님을 잘 믿는다고 말을 하는데 행함이 없으면 그것이 자기에게 무슨 유익이 있느냐는 것입니다. 즉 정신은 있고 입은 살아 있는데 움직이지 못하면 화재가 나거나 재앙이 터졌을 때 무슨 소용이 있느냐는 것입니다.

그래서 이 세상에서 가장 어리석은 사람이 화석처럼 굳어진 신앙을 가진 사람이요, 박제된 신앙을 가진 사람입니다. 그런데 이 세상에서는 이렇게 박제되고 화석이 된 사람들이 높은 자리를 다 차지하고 있습니다. 왜냐하면 이런 사람일수록 감투를 중요하게 생각하기 때문입니다. 그러나 이런 박제 신앙은 모든 실권이나 감투나 명예나 돈을 다 가지고 있지만 하나님 앞에서는 죽은 신앙입니다.

여기서 우리는 죽은 신앙이 어떤 신앙인지 점검해 볼 필요가 있습니다. 성경 본문을 보면 '행함이 없으면 아무 유익이 없다'고 했는데 행함 이전에 먼저 감각이 있는지 보아야 합니다. 먼저 신경이 마비되어서 휠체어를 타시는 성도님들은 이해해 주시기 바랍니다.

의사들은 환자가 사고가 나서 병원에 오면 팔이나 다리에 감각이 있는지를 확인합니다. 이때 반응이 없으면 신경은 죽은 것입니다. 마찬가지로 화석처럼 굳어지고 박제된 신앙은 감각이 없습니다. 즉 하나님의 말씀을 아무리 들어도 딴생각을 하거나 설교를 잘한다 못한다 평가만 하지 가슴이 뜨거워지는 것을 느끼거나 눈물이 터져 나오거나 하나님 앞에서 내가 죄인이라는 깨달음이 없습니다. 이런 신앙은 감각이 죽은 신앙입니다. 그래서 이런 신앙일수록 감투를 차지하려고 목숨을 겁니다. 그리고 화려한 형식을 좋아하고 다른 사람에게 대접을 받고 높은 자리에 있기를 좋아합니다. 그 결과 교회의 직분을 계급으로 생각해서 장로가 집사나 일반 교인보다 높다고 생각하고, 목회자는 목회를 직업으로 생각해서 죽어라고 높은 자리에 앉으려고 합니다. 그래서 믿은 지 오래되고 교회에서 높은 자리까지 올라갔다고 생각하는 사람은 거의 박제된 죽은 신앙이라고 보면 좋은 것입니다. 교회는 결코 계급 사회가 아니며, 목사는 직업이 아닙니다. 목회는 사람들을 살리는 일이며 장로는 권력을 휘두르는 사람이 아니라 겸손하게 성도들을 섬기는 하나님의 종인 것입니다.

거기에 비해서 우리에 갇힌 신앙은 박제되고 죽은 것은 아니지만 아직 인격적으로 주님을 만나지 못한 신앙입니다. 이런 분들은 정말 잘 믿어 보려고 기도도 더 하고 말씀도 더 읽고 계명을 더 철저하게 지키려고 자기 자신을 채찍질하는데 아직 마음에 평안이 없습니다. 건강한 신앙이 아닌 것입니다. 이런 분들은 신앙생활을 할 때에 자기 힘으로 하려고 하기 때문에 힘이 들 수밖에 없습니다. 그러나 이러한 사람들이 인격적으로 주님을 만나는 순간 살아 있는 신앙이 됩니다. 그래서 적극적으로 신앙생활을 하려고 하고 봉사 활동도 많이 하려고 합니다.

2. 믿음은 따라가는 것

우리는 보통 믿음을 하나님에 대한 신앙이라고 생각합니다. 물론 우리가 신앙생활을 하는 것은 하나님의 존재를 믿고 예수님이 나를 대신해서 죽은 것을 믿기 때문입니다. 그런데 우리의 신앙에는 지적인 이해나 확신 이상의 그 무엇이 있습니다. 그것은 바로 하나님과의 인격적인 만남입니다. 그러나 이것은 우리 힘으로 되는 것이 아니라 하나님의 능력으로 되는 것입니다.

즉 우리는 기독교의 복음을 듣는 가운데 하나님의 사랑을 믿고 예수님의 십자가 죽으심을 믿습니다. 그러는 중에 어느 날 성령께서 내 안에 엄청난 죄가 있다는 것을 깨닫게 하시는 것입니다. 즉 자신은 지금까지 양심적으로 살았고 성공적으로 살았다고 자부하고 있었는데 어느 날 성령의 엑스레이로 자기의 내면을 보니까 마음속에는 음란이 가득 차 있고 살인하고 싶은 마음과 광기가 있고 교만하게 살아온 죄가 있는 것을 알고는 고민을 하는 것입니다. 그래서 이런 죄책감을 없애기 위해서 봉사를 하기도 하고, 수련을 하기도 하고, 명상에 빠지기도 하지만 그러한 행위들로는 죄의 답답함이 없어지지 않습니다. 나중에는 거의 식음을 전폐할 정도로 입맛이 없고, 세상을 살 의욕도 없으며, 이 모순 덩어리를 어떻게 해야 하는가 번민을 하는데 그때 예수님의 십자가가 믿어지면서 예수님이 내 죄를 대신해서 죽으셨다는 사실이 믿어집니다. 그리고 그 순간 인격적으로 하나님을 만나게 되면서 율법의 굴레가 벗겨집니다. 그때부터 하나님은 진노의 하나님, 무서운 심판의 하나님이 아니라 사랑의 하나님, 즉 내 아바 아버지가 되시는 것입니다.

그런데 이것은 사람의 힘으로 되지 않습니다. 이것은 오직 성령의 깨닫게 하심과 복음의 능력으로 되는 것입니다. 그러면서 우리는 자꾸 내 삶 중심에 예수님이 주인이 되게 하시고, 하나님이 나를 통하여 일하시도록 초청하는데 그때부터 우리는 살아 있고 행동하는 신앙인이 됩니다.

어느 날 제자들이 예수님과 함께 배를 타고 호수를 건너가고 있었습니다. 그때 갑자기 풍랑이 일면서 배가 기울어 제자들은 물에 빠져 죽는 줄 알고 두려워하였습니다. 그래서 제자들은 자기들의 힘으로 배를 육지 쪽으로 돌려보려고 하다가 도저히 안 되니까 주무시고 계시던 예수님을 깨웠습니다. 그때 예수님께서는 제자들에게, "어찌하여 무서워하느냐 믿음이 작은 자들아" (마 8:26)라고 책망하시면서 바람과 바다를 잔잔케 하셨습니다. 예수님은 제자들에게 '믿음이 없는 자' 라고 말씀하시지 않고 '믿음이 작은 자' 라고 말씀하셨습니다. 이것은 제자들이 예수님이 보리떡 다섯 개로 5천 명을 먹이시는 것은 믿었지만 성난 물결 가운데서 살리시는 분으로는 믿지 못했다는 것입니다. 우리는 잘 알지 못하는 사람에게는 내 짐을 맡길 수가 없는 것입니다.

예수님께서 높은 산에서 기도하실 때 영광스러운 모습으로 변화되셨습니다. 그때 산 밑에 있던 제자들은 귀신 들린 아이 하나를 고치지 못해서 굉장히 애를 먹고 있었습니다. 나중에 제자들이 예수님께, "왜 우리는 그런 능력을 행하지 못하였습니까?"라고 하였을 때, "기도 외에 다른 것으로는 이런 종류가 나갈 수 없느니라"(막 9:29)라고 말씀하셨습니다. 즉 제자들은 자기들의 힘으로 귀신을 쫓아내려고 하다가 실패했던 것입니다.

예수님께서 예루살렘 성 안으로 들어오시다가 마침 시장하시던 참에 길가에 무화과나무 한 그루가 서 있는 것을 보시고 그리로 가셨습니다. 그러나 그 무화과나무는 잎만 무성했고 열매가 없었으므로 예수님은 "이제부터 영원토록 네가 열매를 맺지 못하리라"(마 21:19)라고 하며 그 나무를 저주하셨고, 그 큰 나무가 즉시 말라 죽었습니다. 제자들이 나중에 나무가 말라 죽은 것을 보고 놀라서 어떻게 해서 무화과 나무가 당장 말라 죽을 수 있느냐고 물으니까 예수님께서는, "너희가 믿음이 있고 의심하지 아니하면…이 산더러 들려 바다에 던져지라 하여도 될 것이요"(마 21:21)라고 말씀하셨습니다.

우리는 모두 살아 있는 믿음을 가지기를 원합니다. 그러나 우리의 삶 가운데는 이런 능력이 나타나지 않을 때가 많습니다. 우리는 기도의 능력을 믿지 못할 때가 많으며, 심지어는 자기 자신의 신앙에 대해서도 회의를 가질 때가 많습니다.

그러나 우리의 믿음은 결코 비참한 것도 아니고, 아무 소용이 없는 것도 아닙니다. 어려움에 빠졌을 때 우리가 답답해하고 힘들어 할 수밖에 없는 것은 그 능력이 우리의 것이 아니고 주님의 것이기 때문입니다. 중요한 것은 우리가 어떻게 하면 주님의 능력을 우리에게 끌어올 수 있느냐 하는 것입니다. 바로 이것이 믿음의 능력인 것입니다.

원래 이스라엘 백성에게 믿음은 의지하고 따라가는 것이었습니다. 즉 양들이 목자를 따라가듯이 주님을 만났으면 무조건 믿고 따라가는 것이 믿음이었던 것입니다. 그런데 기독교가 이방 세계에 전파되면서 이방의 사고방식이 기독교 안에 들어오게 되었습니다. 그리스 세계관이 기독교 안에 들어오면서 지적으로 이해하고 받아들이는 것을 믿음이라고 생각하게 된 것입니다. 즉 그들은 학원에서 기독교 강좌 하나를 듣고서는 그것이 자기 마음에 맞으면 자기는 기독교인이라고 생각한 것입니다. 그러나 성경은 그것은 믿음이 아니라고 말씀하고 있습니다. 즉 믿음은 스승을 만났으면 자신의 삶을 스승에게 맡기고 따라가면서 스승으로부터 모든 것을 배우는 것입니다.

어느 날 한 부자 청년이 예수님을 찾아와서 영생을 얻으려면 무엇을 해야 하느냐고 물어보았습니다. 그때 예수님은 이 청년에게 계명을 지켰느냐고 물어보셨습니다. 이 청년은 믿음이 좋아서 어려서부터 계명을 다 지켰노라고 대답했습니다. 그때 예수님께서는 그에게 딱 한 가지 부족한 것이 있는데 그가 가진 것을 다 팔아서 가난한 사람들에게 주고 나를 따르라고 하셨습니다. 진리는 혼자서 공부하는 것이 아니라 예수님을 따르는 것입니다. 이것은 너무나도 자연스러운 단계입니다. 왜냐하면 우리가 예수를 믿고 따라가다 보면 결국 모든 것을 버리게 되어 있기 때문입니다. 예수님은 이 청년에게 상상할 수 없는 하나님 나라의 지식과 능력을 주시기를 원했습니다.

그러나 이 청년은 근심하면서 돌아갔습니다. 예수님을 따르는 것을 원치 않았던 것입니다.

3. 믿음의 결과

오늘 성경에서 야고보 사도는 믿음은 있는데 실천이 없는 하나의 지식에 그치는 믿음이라면 그 믿음은 죽은 믿음이기 때문에 능히 구원받는 믿음이 되지 못한다고 말하고 있습니다.

원래 믿음이라는 것은 '의지하고 따라가는 것' 입니다. 예를 들어 어린아이들은 자기 부모를 절대적으로 신뢰합니다. 그래서 부모님과 함께 어딘가를 갈 때에는 부모님을 절대적으로 믿고 따라갑니다. 그러다가 만일 사람들이 많은 곳에서 부모님의 손을 놓친다거나 혹은 부모님 몰래 다른 곳으로 가면 미아가 되어 버리는 것입니다. 양들도 이처럼 목자를 따라갑니다. 양이 얼마나 목자를 신뢰하는가 하면, 목자가 양의 털을 깎을 때 아픈 것을 참고 전혀 소리를 내지 않고 가만히 있습니다. 돼지에게는 이런 일이 불가능합니다. 돼지를 끌고 가려고 하면 아무리 당겨도 따라오지 않습니다. 더욱이 돼지를 죽이려고 하면 절규하듯이 비명을 질러댑니다. 그러나 믿음은 양처럼 믿음의 대상을 절대적으로 믿고 따라가는 것입니다.

룻은 시어머니 나오미를 절대적으로 믿고 따랐습니다. 엘리사가 엘리야의 부름을 받았을 때 열 겨리의 소를 가지고 농사를 지을 정도로 여유 있는 생활을 하고 있었지만 모든 것을 버리고 엘리야를 따랐습니다. 예수님의 제자들은 부르심을 받았을 때 배나 그물이나 가족까지 다 버리고 예수님을 따랐습니다. 누군가를 믿고 따라가려면 어쩔 수 없이 다른 길을 포기해야 하는 것입니다. 우리가 예수님을 믿고 따른다면 다른 길을 포기해야 합니다.

가버나움이라는 동네에 로마에서 파견된 백부장이 살고 있었습니다. 이 사람은 이방인이지만 유대인들의 율법의 말씀에 깊은 관심을 가지고 있었습니다. 그리고 최근에 여러 곳에서 병자들을 고치고 능력을 행하시는 예수님에 대하여 깊은 관심을 가지게 되었습니다. 이 백부장은 예수님을 만나지는 못했지만 예수님에 대한 소문을 듣고 예수님이 하나님의 아들이라는 사실을 믿었습니다. 그래서 백부장은 자기 하인이 중풍병에 걸려서 죽어갈 때에 예수님께 나아와서 하인의 병을 고쳐 달라고 간청했습니다. 그때 예수님은 직접 가서 고쳐 준다고 하셨지만 이 백부장은 주님을 내 집에 모셔 들일 만한 자격이 없으니 그저 말씀만 해 달라고 부탁했습니다. 백부장은 예수님이 하나님의 아들이시기 때문에 말씀만 하면 이 세상 모든 것이 복종한다는 사실을 믿었던 것입니다. 병도 마귀도 천사들도 예수님 앞에 모두 복종한다는 것을 믿은 것입니다.

예수님께서는 이 말을 들으시고 놀랍게 여기셔서 지금까지 이스라엘 사람 가운데서는 아무에게서도 이런 믿음을 본 일이 없다고 말씀하셨습니다. 예수를 믿는다는 것은 예수님께 모든 것을 맡기는 것입니다. 우리의 목숨이나 가족들의 목숨까지 예수님께 다 맡기는 것입니다.

예수님께서는 왜 우리에게 이런 믿음이 생기지 않는지 말씀하셨는데 가장 중요한 이유가 하나님이 어떤 분인지, 예수님이 어떤 분인지 잘 모르기 때문이라는 것입니다. 우리는 잘 알지 못하는 사람에게 내 문제를 맡기는 것이 쉽지 않습니다. 그러나 아주 잘 아는 사람 중에 실력이 있고 힘이 있고 권세가 있는 사람이 있다면 무엇이든지 맡길 것입니다. 하나님은 무엇이든지 하실 수 있는 분입니다. 하나님은 이 세상 모든 것을 말씀 한마디로 창조하셨습니다. 하나님은 죽은 자도 살리는 능력을 가지셨습니다. 그런데 그 하나님이 우리에 대하여 관심을 가지고 계십니다. 하나님은 우리가 우리 자신을 사랑하는 것 이상으로 우리를 사랑하시는 분입니다.

그런데 하나님이 그토록 우리를 사랑하시는데 왜 우리에게 어려움이 오고 고난이 올까요? 우리는 그 이유를 다 알지 못합니다. 그러나 중요한 것은 하나님께서 허락하셨기 때문에 고난이 오고 어려움이 오며 고난이 우리를 이기지 못한다는 것입니다. 하나님께서는 이 고난을 통하여 영광을 얻으실 것이며, 우리는 이 고난을 통하여 믿음이 더 성숙해질 것입니다.

그때 우리에게 어떤 일이 일어날까요? 우리의 마음이 뜨거워집니다. 우리 몸에 피가 통하고 신경이 통하는 것이 아주 중요하듯이 하나님의 말씀을 들으면서 마음이 뜨거워지는 것이 굉장히 중요합니다. 이것이 바로 우리가 살아 있는 증거입니다. 우리는 살아 있어야 눈에서 눈물이 흐르고 부르짖으며 기도할 수 있는 것입니다.

물론 우리는 하나님의 말씀을 듣고 마음이 뜨거워지고 눈물을 흘리면서 기도한다 하더라도 많은 일을 하지 못할 수도 있습니다. 그러나 적어도 우리의 신앙은 위선적이거나 계율에 얽매인 신앙은 아닌 것입니다. 이때 우리는 남을 긍휼히 여길 수 있고, 말이나 행동으로 도울 수 있습니다. 왜냐하면 더 이상 남에게 인정을 받을 필요도 없고 더 높은 자리에 올라가야 할 이유가 없으므로 주위에서 어려움을 당하는 형제나 자매를 귀하게 생각하기 때문입니다. 즉 이분들은 하나님께 연단을 받는 귀한 분들이라는 생각이 들면서 힘을 얻고 자신감을 얻는 것입니다. 그래서 우리는 그런 분이 굶고 있으면 한 끼의 식사라도 챙겨 주려고 하고, 그들이 옷이 없어서 떨고 있으면 새 옷은 아니라 하더라도 입던 것들을 깨끗이 세탁해서 줄 것입니다. 그때 도움받는 사람들은 하나님의 사랑을 체험하고 그 어려움을 딛고 일어서는 것입니다.

오늘 우리 기독교는 행사를 좋아합니다. 남을 구제하거나 봉사 활동을 할 때에도 행사로 그치는 경우가 많은데 그것은 모두 박제된 신앙이고 죽은 신앙입니다. 살아 있는 신앙은 그런 화려하고 거창한 것보다는 실제적인 것을 좋아합니다. 즉 어떻게 하는 것이 고통당하는 사람들에게 도움이 될 것인지를 생각하는 것입니다.

오늘날 기독교는 멋진 환자복을 입고 자기 이름을 드높일 만한 거창한 행사를 하는 환자와 비슷합니다. 그러나 하나님이 기뻐하시는 우리의 모습은 어린아이들같이 팔짝팔짝 뛰면서 다른 사람을 사랑하고 위로하고 축복하는 뜨거운 신앙을 가지는 것입니다. 우리가 예배에서 은혜받지 못하고 설교에서 마음이 뜨거워지지 않으면서 신앙이 좋다는 말은 거짓말입니다. 그러므로 오늘 우리의 신경이 살아나기를 바랍니다. 오늘 우리의 마음이 하나님 앞에서 뜨거워지기를 바랍니다. 이제는 더 이상 신앙을 어떤 형식이나 의식에 가두지 말고 살아서 활동하는 신앙인이 되시기를 바랍니다.

실천 08

Practicing Christian

믿음은 신념이 아니다

| 약 2:21-26 |

  우리는 때로 신념과 믿음을 혼동합니다. 이러한 경향은 초신자들보다는 오래 신앙생활을 하고 잘 믿는다고 하는 분들이 더 심한 것 같습니다. 그래서 우리는 신앙생활을 하면서도 내 신념을 하나님의 뜻이라고 믿고 밀어붙이거나 다른 사람들에게 강요합니다. 그러나 신념은 한 가지 목표를 향해서 자신의 모든 생각이나 힘을 집중시키는 것인 반면에 믿음은 상대방의 이야기를 들어주고 상대방을 믿어줌으로 상대방이 무엇인가 할 수 있게 하는 것입니다. 그리고 그 상대방이 하나님이 될 때 우리는 그것을 신앙이라고 합니다.

  예를 들어 신념은 많은 어려움에도 불구하고 자신의 계획이나 뜻을 실천하는 것입니다. 몇 년 전에 우리나라의 한 여성 등산가가 히말라야의 높은 봉우리에 올라갔다가 내려오는 길에 실족해서 사망하는 사고가 발생했습니다. 등산하는 사람은 보통 신념이 강한 사람이 아닙니다. 높은 산에 오르다 보면 매서운 바람이 불기도 하고, 산소가 부족해서 호흡 곤란으로 애를 먹기도 하고, 체력이 바닥날 때도 있을 것입니다. 그러나 이들은 오직 정상을 정복하고야 말겠다는 신념 하나로 중간에 포기하고 싶은 모든 유혹을 떨쳐버리고 자기 자신과 싸워서 결국 산에 오르는 것입니다. 그러나 등산가들은 말하기를, "산에 오르는 것을 목표로 삼아서는 안 되고 산에서 내려오는 것까지 목표로 삼아야 한다"라고 말을 합니다. 왜냐하면 사람들은 온 힘을 다해서 정상까지 올라가지만 산에서 내려오는 체력을 남겨두지 않아서 결국 내려오는 도중에 실족해서 사고가 많이 난다는 것입니다.

이 세상에서 성공하거나 어떤 큰 목적을 성취하는 사람들은 대개 신념이 강한 사람들입니다. 이런 사람들은 자신의 힘을 집중할 수 있기 때문에 남들이 해내지 못한 일을 해내는 것입니다. 그러나 믿음이라고 하는 것은 두 사람 사이에서 일어나는 일입니다. 즉 믿음은 내가 나 자신을 믿는 것이 아니라 내가 다른 사람을 믿어 주고 인정해 주는 것입니다.

얼마 전만 해도 우리는 중국의 베이징이나 러시아의 모스코바를 여행할 수 있다는 것을 상상하지 못했습니다. 그러나 우리나라의 대통령과 중국 주석 또는 러시아 대통령이 우리 서로 믿고 지내자고 하면서 조약을 체결했고, 이후로 수많은 사람들이 중국과 러시아를 여행하고 물건들을 사고팔게 되었습니다. 그런데 오히려 북한과 남한은 같은 민족이면서도 서로 불신하고 있기 때문에 철조망을 쳐 놓고 위험한 무기들을 배치해 놓아서 여차하면 서로 공격하고 죽일 준비를 하고 있는 것입니다.

중국의 전 주석 마오쩌뚱(모택동)의 전기를 읽어 보니까 그는 미국과 교류를 하고 싶어 했지만 미국과 의사소통을 할 수 있는 관계가 없었습니다. 특히 중국은 항미원조라고 해서 한국에서 미군과 치열하게 싸웠기 때문에 불신과 적대감을 가지고 있었습니다. 그러나 마오쩌뚱 주석은 소련에 대하여 불만이 많았습니다. 특히 마오쩌뚱은 스탈린이 죽은 후에 후르시초프가 스탈린을 비판하는 것에 분노하고 있었습니다. 그런데 그의 마음에 이런 변화가 있는 것을 아무도 모르고 있었습니다. 그래서 마오쩌뚱은 다른 나라의 수상을 통해서 미국의 관리가 한 번쯤 베이징에 왔으면 좋겠다는 말을 흘리기도 하고, 미국 탁구 팀과의 시범 경기를 통해 교류의 물꼬를 트고자 했는데 미국에서는 그 말을 믿어야 할지 말아야 할지 고민을 하다가 모험 삼아서 관리 한 사람이 비밀리에 중국에 가서 마오쩌뚱을 접견하고 마침내 미국 대통령이 베이징에 날아가서 조약을 체결했습니다. 그 이후에 세계 정세가 달라지면서 이제는 미국과 중국이 세계 경제를 이끌게 되었습니다.

이것은 신앙에 있어서도 마찬가지입니다. 신앙은 하나님에 대하여 많은 지식을 가지고 있는 것을 말하는 것이 아닙니다. 원래 하나님과 우리 인간은 불신 관계이고 적대적인 관계입니다. 사실 하나님으로부터 도움이 와야 우리가 살 수 있고 위기에서 건짐을 받을 수 있는데 우리 인간은 하나님을 불신하고 적대시하고 있는 것입니다. 그러나 하나님은 우리와 좋은 관계를 가지기를 원하십니다. 그래서 하나님은 우리가 하나님을 믿기를 원하십니다. 우리가 하나님을 믿는다는 것은 하나님에 대하여 어떤 지식을 가지거나 신념을 가지는 것을 말하지 않습니다. 우리가 믿음을 가지는 것은 하나님을 믿는 것입니다.

그런데 우리가 하나님을 믿는 데 치명적인 어려움이 있습니다. 그것은 먼저 하나님이 눈에 보이지 않는 것입니다. 우리는 일단 눈에 보이지 않는 것은 존재하지 않는다고 생각하고 의심합니다. 만약 우리가 눈에 보이지도 않는 하나님을 믿었다가 아무 효과가 없으면 우리만 망하게 될 것입니다. 그래서 우리가 하나님을 믿는다는 것은 엄청난 모험인 것입니다. 그런데 하나님은 먼저 우리에게 손을 내미셨습니다. 하나님이 우리에게 아들을 보내시고 하나님의 말씀을 주신 것입니다. 우리가 하나님의 아들을 믿고 하나님의 말씀을 믿는 것이 하나님을 감동하게 합니다. 하나님이 우리에게 감동하시는 것은 좋은 일을 많이 하고 똑똑하고 유식하기 때문이 아니라 하나님을 믿어 드리기 때문입니다.

우리가 자신에 대하여 신념을 가지는 것이 혼자의 힘으로 에베레스트 산을 올라갔다 오는 것이라면 우리가 하나님께 대하여 믿음을 가지는 것은 중국과 국교가 정상화되는 것과 같습니다. 신념은 높은 산에 올라갔다 온 후에 두고두고 자랑하는 것이지만 믿음은 수많은 사람들이 왕래하며 유학을 하고 무역을 하는 것과 같은 것입니다. 우리가 하나님을 믿는 것은 하나님의 말씀을 믿는 것입니다. 그때 하나님은 감동하시며 우리를 위하여 엄청난 복을 부어 주십니다. 그래서 믿음이 위대한 것입니다.

1. 누구를 위한 믿음인가?

우리는 이 세상에 살면서 다양한 믿음을 가지고 살아갑니다. 예를 들어 우리가 다른 사람에게 돈을 빌려 주는 것은 그 사람이 내 돈을 떼먹지 않을 것이라는 믿음을 가지고 있기 때문입니다. 그리고 승객들이 고속버스를 타는 것은 버스 기사가 정해진 시간에 안전하게 나를 목적지까지 데려다 준다는 믿음이 있기 때문입니다. 그런데 얼마 전에 어느 고속버스 회사가 그 믿음을 배신했습니다. 즉 원래 배정된 버스 기사가 지각을 하면서 중국 동포인 기사가 투입됐는데 광주까지 운행한 경험이 전혀 없어서 길을 잘못 드는 바람에 평소보다 두 배의 시간이 지나서야 목적지에 도착했습니다. 그때 승객들은 목숨의 위험을 느꼈다고 합니다.

그리고 환자들이 병원에 가는 목적은 의사가 최선을 다해서 내 병을 치료해 줄 것이라는 믿음이 있기 때문입니다. 그런데 병원이 제대로 조치를 하지 않아서 환자가 오히려 전염병에 걸려서 집에 왔다면 그 병원은 어쩔 수 없었다고 하지만 일단은 믿음을 저버린 것입니다. 우리 사회에는 말로 자기의 생각을 이야기하는 사람들은 많지만 책임을 지는 사람이 없기 때문에 결국 힘없는 사람들이 남을 믿었다가 병에 걸리거나 사고로 죽는 것입니다.

그런데 예수님에 대한 믿음이라는 것은 예수님의 능력이나 행위를 믿는 것이 아니라 그분의 인격 자체를 믿는 것입니다.

예수께서 사마리아와 갈릴리 사이를 지나실 때에 어떤 마을에 들어가시다가 나병 환자 열 사람을 만나셨습니다. 그들은 멀찍이 멈추어 서서, "예수 선생님이여 우리를 불쌍히 여기소서"(눅 17:13) 하며 예수님에게 병을 고쳐 달라고 소리를 질렀습니다. 그때 예수님은 이 병자들을 즉시 고치지 않고 제사장에게 가서 몸을 보이라고만 말씀하셨습니다. 이때 나병 환자들은 자기들이 예수님의 말씀을 믿으면 나병이 나을 것이라는 믿음을 가지고 제사장을 찾아갔습니다. 만일 이들이 예수님의 말씀을 믿지 않았더라면 제사장에게 가지도 않았을 것이고, 오히려 예수님에게 욕을 퍼부었을 것입니다. 그러나 그들은 예수님께 자신의 병을 고칠 수 있는 능력이 있다는 것을 믿었기 때문에 예수님의 말씀을 믿고 가다가 길에서 병이 다 나았습니다. 그런데 그 열 명 중에서 아홉 명은 병이 나은 것을 확인하고 곧장 집으로 돌아가 버렸습니다. 왜냐하면 그들은 병이 낫는 것이 믿음의 목적이었기 때문입니다. 그런데 사마리아 사람은 예수님께 돌아와서 감사를 드렸습니다.

아홉 명의 유대인들이 가지고 있었던 믿음은 병이 낫는 믿음이지 예수님을 믿고 예수님을 감동시키는 믿음이 아니었습니다. 그래서 예수님은 아홉 명은 어디에 가고 이 사마리아 사람 한 명만 돌아왔느냐고 물으셨습니다. 아홉 명의 유대인들도 예수님에 대한 믿음은 있었지만 하나님과 우리 사이의 불신의 벽을 허물어뜨릴 수 있는 믿음은 되지 못했습니다. 반면에 나병이 치유된 것을 보고 예수님께 돌아와서 감사드린 사마리아 사람의 믿음은 예수님의 인격을 믿는 믿음이었고, 예수님을 감동시키는 믿음이었습니다. 예수님은 그 사마리아 사람에게, "가라 네 믿음이 너를 구원하였느니라"(눅 17:19)라고 하시면서 그의 구원을 선포하셨습니다.

우리는 하나님을 기계적으로 생각해서 하나님은 가만히 계시면서 내가 요구하는 것을 들어주시는 분으로 생각하기 쉽습니다. 그러나 그것은 하나님을 잘 모르고 있기 때문에 그렇게 생각하는 것입니다. 하나님은 감수성이 예민하시고 감동을 잘 하시는 분입니다. 하나님은 우리를 돕기를 원하시며, 병을 치료하기를 원하시고, 우리를 위기에서 건지기를 원하십니다. 그런데 하나님과 우리 사이에는 불신의 벽이 있고, 미움과 적대감의 벽이 있습니다. 그럼에도 우리가 하나님을 믿어 드릴 때 하나님이 기뻐하시고 감동하시고, 불신의 벽과 증오의 벽이 허물어지면서 하나님의 기적과 능력이 나타나는 것입니다.

　사람들이 이 세상에서 살 의미와 가치를 가지는 것은 다른 사람이 자기를 믿어 주기 때문일 것입니다. 즉 어렸을 때에는 부모님이 자기를 믿어 주고, 나이가 들었을 때에는 아내나 직장 동료나 친구가 믿어 줄 때 사람들은 살 의미와 가치를 가지는 것입니다. 그런데 만일 직장 동료나 경찰이 입으로는 믿어 준다고 하면서 사사건건 조사를 하고 의심을 하면 아마 정신적인 고통을 받을 것이고, 살 의미를 상실하고 말 것입니다. 그런데 오늘날 우리는 철저한 불신의 시대에 살아가고 있습니다. 다른 사람을 쉽게 믿은 사람들이 이용을 당하고 엄청난 고통을 받는 것을 보면서 사람들은 이제 아무도 믿지 않으려고 하고 있습니다. 그러므로 우리가 다른 사람을 믿으려면 불신을 당했을 때 당할 손해나 고통을 감수할 용기가 있어야 합니다.

　마찬가지로 우리가 하나님을 믿는다는 것은 하나님에 대하여 많은 것을 알거나 기독교적인 어떤 이념이나 신념을 가지는 것을 말하지 않습니다.

2. 영혼이 없는 믿음

　우리는 가끔 어떤 사람을 보고 '저 사람은 영혼이 없는 사람 같다'고 말을 합니다. 그 사람이 살아 있기는 하지만 전혀 감정도 없고 양심도 없고 상식적인 판단을 하지 않는 경우에 이렇게 말을 합니다. 요즘 우리는 다른 사람에 대하여 조금만 관심을 가졌더라면 많은 사람을 살릴 수 있는데도 기본적인 조치를 하지 않아서 많은 사람들이 사고로 죽거나 다치는 것을 보게 됩니다. 이런 경우 우리는 사고의 원인을 제공한 사람에게 '영혼이 없는 사람 같다' 고 말을 합니다.

**"영혼 없는 몸이 죽은 것 같이 행함이 없는 믿음은 죽은 것이니라"_
약 2:26**

본문은 하나님에 대하여 지식을 가지고 있고 신념을 가지고 있지만 실천이 없으면 그 믿음은 죽은 믿음이라고 말씀하고 있습니다. 즉 그런 믿음은 하나님과 우리 사이의 불신의 벽을 허물어뜨리는 데 전혀 도움이 되지 않는 것입니다. 믿음은 자기 혼자 어떤 사실을 믿는 것이 되어서는 안 됩니다. 믿음이 하나님의 마음을 움직이고 하나님을 감동시킬 수 있을 때 능력이 나타나는 것이지 자기 혼자 믿는 것은 아무 효력이 없는 것입니다.

마찬가지로 금방 죽은 사람은 산 사람과 같은 모습을 하고 있지만 아무것도 할 수가 없습니다. 그리고 시간이 지나면 굳어지고, 나중에는 썩어서 없어질 것입니다.

우리에게 중요한 것은 신앙의 모양이 아닙니다. 우리에게 진정으로 필요한 것은 오늘 이 어려운 현실에 하나님의 능력을 받아서 살아가는 것입니다. 그러면 우리에게 영혼에 해당하는 그 믿음이 무엇일까요? 어떻게 할 때 하나님의 능력이 임하는 것일까요?

우리 인간에게 눈에 보이는 사람을 믿는 것은 쉬운 일입니다. 그러나 눈에 보이지 않는 하나님을 믿는 것은 너무나도 어렵습니다. 만일 눈에 보이지 않는 하나님을 믿었다가 하나님이 안 계시면 망하는 것이 아니냐는 것입니다. 그리고 하나님께 열심히 기도를 드렸는데 하나님께서 그 기도를 듣지 않으신다면 엉뚱한 짓을 한 것이 되지 않느냐는 것입니다. 그래서 정상적으로는 사람들이 하나님을 믿는 것이 매우 어렵습니다. 그럼에도 불구하고 하나님을 믿는다면 그 이유가 무엇일까요? 그것은 하나님께서 우리에게 그런 믿음을 주시기 때문입니다.

예를 들어 환자들이 수술받기 위해 수술대에 오르는 것은 의사를 믿기 때문입니다. 환자들이 고통스러운 수술을 마다하지 않고 받으려고 하는 것은 자신의 병을 알고 의사를 믿기 때문입니다. 그러나 질병이 없는 사람들은 수술대에 오를 필요가 없을 것입니다.

우리는 너무나도 잘나고 똑똑하기 때문에 하나님을 믿는 것이 아닙니다. 우리는 자신의 인생을 스스로 책임질 수 없기 때문에 하나님의 수술대에 나 자신을 올려놓는 것입니다. 그런데 놀라운 것이 이렇게 할 때 하나님 앞에서 불신의 벽이 무너지면서 하나님께서 전적으로 나를 도우신다는 것입니다. 어떻게 해서 우리가 자신을 하나님께 맡길 수 있습니까? 하나님의 말씀을 듣고 믿기 때문입니다. 하나님은 다른 어떤 것보다도 우리가 하나님의 말씀을 주의 깊게 듣고 그 말씀을 전적으로 믿을 때 감동하십니다.

요즘 사람들의 특징이 다른 사람이 하는 것은 꼬치꼬치 조사하면서 자기 이야기는 절대로 하지 않는다는 것입니다. 이러한 관계에서는 사람 사이에 불신의 벽이 여전히 남아 있을 수밖에 없습니다. 그런데 누군가가 자기 이야기를 털어놓으면서 남을 믿어 줄 때 마음에 감동이 오는 것입니다.

청소년들은 자기에게 이래라 저래라 하는 말을 귀가 따가울 정도로 들어왔기 때문에 절대로 마음 문을 열지 않습니다. 그러다가 누군가가 자기 이야기를 들어주고 믿어 줄 때 마음이 열리면서 끝까지 그를 신뢰합니다.

제가 오래전에 중고등학생들과 성경 공부를 할 때 절대로 성경 이야기부터 하지 않고 학교에서 있었던 일들을 이야기하게 했습니다. 그러면 아이들은 신이 나서 학교에 있었던 일들을 이야기하는데 저는 재미가 하나도 없는 것들이었습니다. 그러나 이 학생들은 어른이 자기 이야기를 들어주고 자기를 믿어 주었다는 사실에 고마워했고, 하나님에 대한 믿음을 가지기 시작했습니다. 그 후에 그 학생들의 인생이 변하기 시작했고, 어떤 어려움이 와도 이겨낼 수 있을 정도가 되었습니다.

3. 살아 있는 믿음의 예

아브라함은 죽은 믿음이 아니라 살아 있는 믿음을 가진 사람이었습니다. 그래서 아브라함은 하나님의 마음을 감동시킬 수 있었고, 하나님의 축복을 차지할 수 있었습니다.

> "우리 조상 아브라함이 그 아들 이삭을 제단에 바칠 때에 행함으로 의롭다 하심을 받은 것이 아니냐 네가 보거니와 믿음이 그의 행함과 함께 일하고 행함으로 믿음이 온전하게 되었느니라"_약 2:21-22

아브라함은 원래 하나님을 믿지 않고 우상을 숭배하던 자였습니다. 그러던 어느 날 아브라함은 하나님으로부터 부르심을 받았고, 그는 하나님을 인격적으로 믿었습니다. 아브라함이 믿었던 하나님은 자기 머리로 생각한 신이 아니라 자기에게 말씀하시는 인격적인 하나님이었던 것입니다. 아브라함은 하나님이 고향과 친척과 아버지의 집을 떠나라고 말씀하셨을 때 하나님의 말씀을 믿고 떠났습니다. 아브라함은 밤하늘의 별처럼 많은 자손을 주겠다는 하나님의 약속을 믿었습니다. 왜냐하면 밤하늘의 별을 만드신 하나님이라면 못하실 일이 전혀 없다고 생각했기 때문입니다.

아브라함은 결국 아들 이삭을 모리아 산에서 제물로 바치라는 말씀을 믿고 아들을 죽이려고 했습니다. 하나님은 없는 것도 있게 하시며, 죽은 자도 살리실 것을 믿었기 때문입니다. 사실 아버지가 아들을 죽여서 자기가 믿는 신에게 바치는 것은 말이 되지 않는 것입니다. 그러나 아브라함은 도무지 이해가 되지 않는 하나님의 말씀을 믿고 실천했습니다. 그는 아들을 데리고 하나님이 지시하신 땅까지 갔고, 아들을 묶어서 거의 칼로 죽일 뻔하였습니다. 이것이 하나님의 시험이었습니다.

하나님께서는 우리에게 큰 축복을 주시기 전에 먼저 우리의 믿음을 시험해 보십니다. 즉 하나님을 이용해서 자기 욕심을 채우려고 하는 것인지, 아니면 정말로 하나님을 믿는 것인지 시험해 보시는 것입니다. 하나님이 하시는 것이 도무지 이해가 되지 않지만 그럼에도 하나님을 믿고 신뢰할 때 하나님은 감동하시는 것입니다. 하나님께서는 이것을 '의'라고 말씀하셨습니다. 왜냐하면 하나님을 믿고 자기 안에 있는 불신의 벽을 깨어 버렸기 때문입니다.

야고보 사도가 말하는 것은, 신앙은 하나님의 말씀을 온전히 믿는 것이라는 것입니다. 즉 하나님께서 터무니 없는 것을 요구하셔도 순종하는 것이 믿음인 것입니다. 머릿속에 선을 그어 놓고 이해되는 범위 안에서 믿는 것은 온전한 믿음이 아닙니다. 그런 사람은 하나님께서 자기가 원하는 대로 해 주시지 않으면, "왜 나에게 축복을 주시지 않고 다른 사람을 축복하십니까?"라고 하며 하나님께 항의하고 따질 것입니다. 그러나 아브라함은 하나님께 따지지 않았습니다.

아브라함에게는 하나님의 두 말씀이 모순되는 것처럼 들렸지만 그는 표현을 믿은 것이 아니라 그 인격을 믿었습니다. 그래서 순종할 수 있었습니다.

아브라함이 그렇게 철저하게 하나님을 믿은 이유가 무엇일까요? 성경은 그것에 대하여 분명하게 말씀하고 있지 않지만 그가 철저하게 하나님을 믿은 이유는 이 세상의 죄에 대한 환멸 때문이었습니다. 이 세상은 죄만 없으면 너무나도 살기 좋은 곳입니다. 그러나 아브라함은 죄 때문에 도저히 이 세상에 소망을 둘 수 없었습니다. 그런데 그 죄가 아브라함 자신에게까지 들어와 있었습니다. 그래서 아브라함은 이 세상의 안정된 생활과 자신의 생각을 버리고 하나님의 말씀을 믿었던 것입니다.

라합은 여리고 성의 기생이었습니다. 그런데 그녀는 하나님에 대한 소문을 듣고 사기 나라를 정탐하러 온 이스라엘의 두 스파이를 살려 주었습니다. 결국 이 사람들이 무사히 이스라엘 진영으로 돌아감으로 여호수아와 이스라엘 백성은 더 확신을 가지고 요단 강을 건너서 가나안 땅을 침공할 수 있었습니다.

라합은 무엇 때문에 여리고 사람들을 배신했을까요? 바로 죄 때문이었습니다. 특히 여리고 성은 '종려나무 성'이라고 불릴 정도로 아주 살기 좋은 곳이었습니다. 라합은 그런 곳에서 술을 팔면서 살았기 때문에 수입이 좋았을 것입니다. 그러나 라합은 도저히 여리고에 충성할 수 없었습니다. 그런데 만일 라합이 머리로만 하나님을 믿고 두 정탐꾼을 숨겨 주지 않고 신고했다면 이스라엘 백성이 그를 살려 주지 않았을 것입니다. 우리가 하나님을 믿는다는 것은 이 세상을 배신하고 하나님 편에 서는 것입니다. 라합은 자신의 믿음을 행동으로 옮겼습니다.

이 세상은 멸망을 향하여 달리는 열차와 같습니다. 우리가 그 사실을 안다면 얼른 그 열차에서 뛰어내려서 다른 열차로 갈아타야 합니다. 마음속으로 '아닌데, 아닌데' 하면서 미련을 가지면 결국 멸망하고 마는 것입니다. 결국 신앙이라는 것은 결단인 것입니다. 우리는 이 세상을 떠나서 저 영원한 나라를 향해 가야 합니다. 그러면 우리는 이 세상에서 공부도 하지 말고, 집도 가지지 말고, 직장도 다 버려야 할까요? 그렇지는 않습니다. 그러나 우리는 그런 마음을 가지고 하나님을 사랑하고 다른 사람들을 사랑하기 위해서 그야말로 잠시 이 세상에서 주어진 일에 최선을 다해야 합니다.

"이로 보건대 사람이 행함으로 의롭다 하심을 받고 믿음으로만은 아니니라"_ 약 2:24

바울의 복음의 핵심은 "사람은 오직 믿음으로 의롭다 함을 받는다"는 것입니다. 다시 말해서 사람이 행위로는 의롭다 함을 얻지 못한다는 것입니다. 그러나 본문에서 야고보 사도는 행위가 없으면 그 믿음은 죽은 것이라고 하였습니다. 그러면서 다시 행위를 강조하고 있습니다. 그래서 마틴 루터는 야고보서를 '지푸라기 서신'이라며 신약성경으로 인정하는 것을 못마땅하게 여겼습니다. 그러나 이 두 가지는 같은 것입니다. 사도 바울이 말한 오직 믿음으로 의롭다 함을 받는 것은 하나님의 백성이 되는 자격을 말합니다. 이것은 너무나도 분명한 진리입니다. 즉 아무나 열심히 공을 쌓았다고 해서 하나님의 백성이 될 수 있는 것이 아닙니다. 하나님의 백성, 즉 의인이 되는 자격은 오직 예수님을 믿는 믿음이 있어야 하는 것입니다.

그러면 그가 하나님의 백성이 되었다는 증거가 무엇입니까? 그것은 그 후에 계속 믿음으로 살아가는 것입니다. 그래서 사도 바울도, "오직 의인은 믿음으로 말미암아 살리라"(롬 1:17)라고 하였습니다. 그러나 정말 하나님을 믿었다면 그때부터는 세상이 하는 말을 듣지 말고 하나님의 말씀대로만 살아야 합니다. 이것이 믿음으로 사는 것입니다. 우리는 오직 하나님께서 나의 삶을 인도하시고 책임지신다는 것을 믿고 하나님의 말씀대로만 살아야 합니다. 그래서 다윗은 시편에서, "주의 말씀은 내 발에 등이요 내 길에 빛이니이다"(시 119:105)라고 했습니다. 우리가 열심히 걸어가는 그 길에 비추는 빛은 세상의 유행도 아니고, 사람들의 인기도 아니고, 하나님의 말씀인 것입니다. 그렇게 할 때 이 믿음은 하나님의 마음을 감동시켜서 우리의 삶 전체에 하나님의 능력과 복이 무한정으로 임하게 합니다.

물론 우리는 이 세상에서 성경대로 살다 보면 도저히 살 수 없을 것 같은 고비를 만나기도 할 것입니다. 그러나 이런 고비들은 모두 우리의 믿음을 시험하는 유혹입니다. 우리는 끝까지 하나님의 선하신 계획을 믿어야 합니다. 물론 우리가 믿음으로 산다고 해서 모든 복이 공짜로 쏟아지는 것은 아닙니다. 우리는 우리 나름대로 할 것은 다 해야 합니다. 그러나 놀라운 것이 믿음으로 살면 길이 열리고 살길이 생깁니다. 그러면서 나에게서 하나님의 축복의 열매가 맺히게 됩니다. 우리는 아무리 이 세상이 험악하고 지구 곳곳에 재앙이 일어난다 해도 하나님은 나를 지키시는 것을 믿어야 합니다. 야고보 사도는 이것을 "행함"이라고 말하고 있는 것입니다.

요즘 우리나라의 교회가 '믿음'을 너무 강조하는 바람에 '믿음으로 사는 것'에 대한 중요성이 축소되었습니다. 그래서 사람들은 처음 예수 믿고 난 후에는 세상적으로 출세하고 돈을 잘 버는 것을 하나님의 축복으로 생각합니다.

이제 우리는 믿음으로 사는 법을 배워야 합니다. 우리는 어린아이 상태에서 기는 법부터 배워야 하는 것입니다. 우리는 단번에 말씀대로 순종할 수 없습니다. 그러므로 우리는 아주 작은 것 하나부터 순종해 나가야 합니다. 그러면 나중에 큰일에도 순종할 수 있게 됩니다. 우리가 산에 올라갈 때는 한 걸음씩 올라가지만 묵묵히 올라가다 보면 어느새 굉장히 높은 자리까지 올라가 있는 자신을 발견할 수 있을 것입니다.

저는 옛날에 한꺼번에 너무 많은 것을 공부하려고 하다가 항상 실패했습니다. 그런데 그 버릇이 아직도 남아 있는 것 같습니다. 이처럼 믿고 순종하는 것도 단번에 되는 것이 아닙니다. 조금씩 꾸준히 할 때 이것이 쌓여서 기적의 축복을 가져오는 것입니다. 쉬운 것부터 순종해야 나중에 아브라함이나 라합 같이 엄청난 일에 순종하는 것입니다.

하나님이 우리에게 요구하시는 것은 완전한 의가 아닙니다. 우리는 하나님 앞에 완전히 사는 것이 불가능한 사람들입니다. 하나님이 요구하시는 것은 실수하는 것 그 자체까지 맡기라는 것입니다. 실수하고 넘어지면 회개하고 다시 일어서면 되는 것입니다. 이것이 바로 믿음의 삶입니다.

믿음은 많은 것을 생각하는 것이 아닙니다. 앞뒤를 재지 않고 이것이 하나님이 기뻐하시는 뜻이라고 생각되면 한번 해 보는 것입니다. 이것이 하나님께서 기뻐하시는 일이라는 생각이 들면 결과는 하나님께 맡기고 행동에 옮겨 보는 것입니다. 그렇게 할 때 하나님의 도우심이 임합니다. 가만히 앉아서 따지기만 하는 사람은 하나님이 도와주지 않으십니다.

하나님은 신실한 분입니다. 하나님의 능력은 고갈되는 법이 없습니다. 물론 한번 순종하고 나면 힘이 다 빠져 버립니다. 지쳐서 다시는 일어설 수 없을 것 같습니다. 그러나 하나님께서는 자기를 의뢰하는 자들을 도와주셔서 일어서게 하십니다. 믿음은 하나님의 능력의 문을 여는 열쇠입니다. 순종할 때마다 그만한 힘이 생깁니다. 그래서 한평생 그 은혜에 붙들려서 자기가 할 수 없는 엄청난 일들을 해냅니다. 그래서 사도 바울은 나의 나 된 것은 오직 하나님의 은혜라고 말을 했습니다. 매일 매일 주님이 주시는 힘으로 사는 사람이 위대한 믿음의 사람이 되는 것입니다.

실천 09

Practicing Christian

최고의 기술은 무엇인가?

| 약 3:2 |

요즘 우리나라나 중국에 바둑을 좋아하는 사람들이 굉장히 많은 것 같습니다. 그런데 사실 한평생 바둑만을 고집하면서 사는 분들을 보면 잘 이해가 되지 않습니다. 그러나 지금도 많은 사람들이 프로 기사가 되기 위해 어려서부터 바둑을 배우고, 또 바둑 고수들의 제자가 되어서 오직 바둑 하나만 생각하며 살아갑니다. 우리가 이 세상에서 성공하는 데는 여러 가지 방법이 있지만 가장 중요한 것은 자기가 도전하려고 하는 분야에서 좋은 선생을 만나서 가르침을 받고 도움을 받는 것입니다.

저는 군대를 제대하고 대학원에 복학한 후에 성급하게 돈을 벌거나 직장을 가지기 이전에 어떻게 하면 내 인생을 가치 있게 살 것인가를 생각했습니다. 그 결과 내가 성공적인 삶을 사는 길은 공부밖에 없는 것 같아서 어떤 방향에서 공부를 할 것인가 생각하면서 서점에 가서 책을 읽고 있었습니다. 그런데 우연히도 거기서 로마서를 여러 책에 걸쳐서 설교를 한 영국 목회자의 설교집을 보게 되었습니다. 그래서 '아니, 로마서는 한 권으로 설교를 해도 되는데 왜 일곱 권이나 여덟 권에 걸쳐서 설교를 할까? 참 이상한 사람이다'라고 생각을 했습니다. 그러고는 그분의 책을 다 사서 읽었는데 그때 그분의 설교에서 놀라운 세계를 보았습니다. 즉 그때까지만 해도 우리나라의 목회자들은 설교할 때에 세 가지 대지에 예화를 가지고 설교했는데 그분의 설교에는 교리와 논증과 적용이 가득 차 있었고, 설교가 이런 것이라면 인생을 투자해 볼 가치가 있다는 생각을 하게 되었습니다. 그리고 저는 그것을 통해서 놀라운 설교의 세계와 성경의 세계를 가질 수 있게 되었습니다. 우리가 세상에서 성공하려면 머리도 좋아야 하고, 집안의 뒷받침도 있어야 하고, 또 본인도 부지런히 노력해야 하지만 더 중요한 것은 좋은 선생을 만나는 것입니다.

1. 누가 참 선생인가?

사람들은 누구나 이 세상에서 성공하기를 원하는데 성공의 길은 그야말로 어렵고도 좁은 길입니다. 사람이 자기가 원하는 분야에서 두각을 나타내고 성공을 거둔다는 것은 생각보다 엄청나게 어려운 일인 것입니다. 그런데 만일 그 분야에서 성공해서 그 분야를 꿰뚫어보는 능력을 가진 사람이 있다면 그의 지도를 받아서 쉽게 성공할 수 있을 것입니다.

보통 사람들은 무엇인가를 열심히 한다고 하지만 혼자서 하면 자신의 한계를 극복하지 못해서 실수하고 틀렸던 곳을 반복해서 틀리기 때문에 더 성장할 수가 없습니다. 그러나 선생은 그 부분을 이미 수없이 고민했고 그것을 극복했기 때문에 그의 가르침을 받고 도움을 받으면 자신의 치명적인 결점을 극복하면서 성공할 수 있는 것입니다.

그런데 우리는 책을 통해서 그런 선생을 만날 수도 있고 목사님이나 동업자나 선배를 선생으로 삼을 수도 있습니다. 대개 사람들이 성공하지 못하는 것은 재능이 없어서 그런 경우도 있지만 좋은 스승을 만나지 못해서 그런 경우가 많은 것입니다.

농부가 땅에 씨를 심으면 얼마 있지 않아서 싹이 나오고 줄기가 자라고 잎이 무성하다가 꽃이 피고 열매가 맺힙니다. 그런데 식물의 가치는 그 열매를 가지고 판단을 하게 됩니다. 마찬가지로 사람이 태어나면 친구를 사귀고 교육을 받게 되는데 그 사람의 인격은 그 사람이 하는 말을 통해서 나타납니다. 그런데 사람들은 이 말을 통해서 엄청나게 많은 일을 하고 있습니다. 우선 사람들은 이 말을 가지고 의사소통을 하고 정보를 교환하기도 하지만 사람은 이 말을 가지고 다른 사람을 욕하기도 하고, 분풀이를 하기도 하고, 아첨하기도 하고, 선동하기도 합니다. 그런가 하면 축복하기도 하고, 위로하기도 하고, 죽음의 길에서 살리기도 합니다.

우리는 보통 말이라고 하면 공중에 흩어져서 없어져 버리는 파동이라고 생각할 때가 많습니다. 그러나 성경은 이 세상에 최고로 중요한 것이 말인데, 말은 사람을 살리기도 하고 죽이기도 하는 것이라고 말씀하고 있습니다. 결국 사람의 가치는 말을 통해서 다른 사람을 죽이느냐 아니면 살리느냐 하는 것으로 나타나는 것입니다.

그런데 우리 기독교에서 가장 중요하게 생각하는 것은 이 세상에서 얼마나 잘살고 얼마나 성공했느냐가 아니라 그의 인생이 어디로

가고 있느냐 하는 것입니다. 다시 말해서 우리 모든 인간은 광야에서 태어나서 길을 찾아 방황하는 사람들과 같습니다. 그래서 우리에게 가장 중요한 것은 오아시스를 찾아 좋은 자리를 차지해서 성공하는 것이 아니라 광야나 사막을 벗어날 수 있는 길을 찾는 것입니다. 본문에서 야고보 사도는 선생이 되려고 하는 사람이 많아서는 안 된다고 말하고 있는데 요즘 우리로서는 이해가 되지 않는 말입니다.

"내 형제들아 너희는 선생 된 우리가 더 큰 심판을 받을 줄 알고 선생이 많이 되지 말라"_약 3:1

요즘 많은 사람들은 어떻게 하든지 선생이 되려고 합니다. 그래서 많은 젊은이들이 교사가 되기 위해서 그 어렵다는 임용고시를 준비하고 있습니다. 또 머리가 좋은 많은 젊은이들은 대학원에 가서 박사 학위를 받거나 외국에 유학을 가서 교수가 되려고 합니다. 그리고 교회 안에서도 많은 분들이 목사가 되기 위해 경제적인 어려움을 감수해 가면서 신학대학원에 가서 어려운 공부를 하고 있습니다. 특히 우리나라 사람들은 유교의 선비 사상이 강해서 선생이 되는 것을 아주 좋게 생각합니다.

많은 경우에 사람들은 선생이 되기 위해서 공부를 많이 하는 것이 자기에게나 다른 사람에게 유익하다고 생각합니다. 그리고 남을 가르치는 것은 품위가 있고 정년이 보장되며, 특히 방학이 길기 때문에 좋은 직업이라고 생각합니다. 그러나 본문은 가능한 한 선생이 되지 말라고 말씀하십니다. 이것은 학교 선생이 되지 말라는 뜻이 아닙니다. 단지 인생의 선생이 되려고 하지 말라는 것입니다. 그 이유는 다른 사람의 인생의 선생이 된다는 것은 중요한 것이며, 큰 책임이 따르는 일이기 때문입니다. 특히 우리 크리스천은 할 수 있으면 많이 선생이 되어야 합니다.

  우선 여기서 "선생"은 인생을 먼저 살아본 사람을 말합니다. 선생은 제자들이 앞으로 경험해야 할 것을 먼저 경험해 보았기 때문에 제자들을 가르칠 수 있는 자격이 있는 것입니다. 그러나 어느 누구든 인생을 완전히 경험해 본 사람은 없습니다. 우리는 모든 것을 전부 처음 해 보기 때문에 모두 초보자라고 보아야 합니다.

  예를 들어 어떤 분이 결혼을 하고 아이를 키워서 학교에 입학시키게 되었습니다. 그런데 학부모가 되는 것은 처음 해 보는 일이라서 당황스러울 때가 한두 번이 아닙니다. 아들을 키워서 군대 보내는 것도 처음이고, 자녀를 결혼시키는 것도 처음입니다. 나이가 들어서는 늙는 것도 처음 늙어 보기 때문에 당황스럽고, 죽는 것도 처음 죽어 보기 때문에 당황할 수밖에 없습니다. 다시 말해서 우리 모든 인간은 자신의 인생에 대해서 초보자인 것입니다. 그러므로 우리 중에는 다른 사람의 인생에 대해서 감히 이래라 저래라 할 정도로 전문가인 사람은 한 명도 없습니다. 그럼에도 우리 사회에는 엉터리 전문가들이 너무 많아서 이래라 저래라 떠들어 대는데 이 사람들 중에서 다른 사람의 인생을 책임질 수 있는 사람은 단 한 명도 없습니다. 그러므로 우리는 우리 자신이나 다른 사람의 인생에 있어서 완전 초보자라는 것을 인정해야 합니다.

  저는 제 차가 아니면 절대로 운전을 하지 않습니다. 왜냐하면 제 차가 아니면 완전히 초보 운전이나 마찬가지이기 때문입니다. 그리고 제가 늘 가던 길이 아니면 초보처럼 당황할 때가 많기 때문에 잘 가려고 하지 않습니다. 하물며 우리 사회나 많은 사람들이 모이는 교회는 정말 정교한 지식과 운전술이 필요한데 아무것도 모르는 사람들이 지도자가 되어서 나라를 운전하고 교회를 이끌어 나가려고 서로 싸우고 있습니다. 예수님께서는 "맹인이 맹인을 인도하면 둘이 다 구덩이에 빠지리라"(마 15:14)라고 말씀하셨습니다. 그런데 우리나라에는 너무 많은 지도자들이 있고, 너무 많은 선생들이 있어서 자기가 이 나라를 이끌어 가야 하고, 자기가 교회를 이끌어 가야 한다고 큰소리를 치고 있는 것입니다.

예수님께서는 말씀하시기를, "나보다 먼저 온 자는 다 절도요 강도니 양들이 듣지 아니하였느니라"(요 10:8)라고 하셨습니다. 이 세상에서 우리 인생을 너무나도 잘 아시고 우리를 풍성한 생명의 길로 인도하실 분은 오직 예수님 한 분밖에 없습니다. 나머지는 모두 명예나 권력을 위해서 지도자의 자리에 앉으려고 하는 강도들인 것입니다.

그런데 이런 엉터리 지도자들에게 특징이 있습니다. 그것은 말을 아주 잘 하는데 자세히 들어보면 전부 궤변인 것입니다. 오늘 우리 사회에는 궤변가가 너무 많아서 자기도 모르는 소리들을 막 지껄여 대고 있습니다. 목자가 아닌데 목자 행세를 하면서 사람들의 관심을 끌려고 하는 것입니다.

우리가 이 세상에서 가장 먼저 만나야 할 선생은 나를 이 멸망의 길에서 나가게 해 주는 선생입니다. 그러한 선생은 오직 예수님 한 분밖에 없습니다. 예수님은 나를 너무나도 잘 알고 계시고 나를 멸망의 길에서 나가게 해 주는 유일한 선생이십니다.

그동안 많은 교회에서 제자 훈련으로 성도들을 양육했는데 많은 장점이 있는 반면에 단점도 있습니다. 결코 커리큘럼이나 리더나 목사님이 예수님을 대신할 수 없는 것입니다. 우리가 다른 사람으로 하여금 진정으로 예수님을 만나게 하려면 자기는 비켜서야 합니다. 예수님을 만나지 않은 인생은 아무리 이 세상에서 성공했다 하더라도 실패한 인생입니다.

2. 진리를 연단하라

　단순히 종교 생활을 하고 목사나 장로나 집사 직분을 가지고 있다고 해서 진정으로 구원받고 영생을 얻었다고 볼 수 없습니다. 우리는 바른 복음을 믿고 바른 하나님을 믿어야 하는 것입니다. 우리가 바른 복음을 듣고 바른 신앙을 가진 중요한 표지가 있는데 그것은 바로 겸손입니다. 예수님이 제자들에게 강조한 것도 겸손이었습니다. 아무리 기독교를 잘 알고 많은 봉사를 한다 하더라도 겸손하지 않은 사람은 엉터리 신앙인입니다. 유명한 목사라고 하는데 전혀 겸손하지 않고, 장로라고 하는데 진실하지 않다면 믿을 가치가 없는 사람인 것입니다. 그런데 우리가 진정으로 바른 복음을 듣고 인격적으로 하나님을 믿었다 하더라도 인생은 저절로 살아지는 것이 아닙니다. 때로는 하나님의 뜻이 무엇인지 아무리 생각해도 모를 때가 있습니다.
　제가 예전에 대구에서 집회를 할 때 우리나라의 유명한 선수가 참석해서 집회가 끝난 후에 함께 교제를 나눈 적이 있습니다. 이분은 국민 타자라고 할 정도로 홈런 타자였는데 팀에서 나이가 많다고 게임에 내보내지 않았습니다. 그래서 이분은 거의 미칠 지경이 되었는데 다행히도 제 설교를 들으면서 한 주 한 주를 버티셨습니다. 그런데 어느 주일의 설교 시간에는, "회사에서 그만두라고 하면 그만두세요"라고 설교를 해서 사표를 준비했는데 그다음 주일 설교 시간에는, "그렇다고 해서 그만두면 어떻게 합니까? 끝까지 버티세요"라고 하더라는 것입니다. 그래서 이분은 예배를 드린 후에 저에게 와서 어느 설교가 맞는 설교냐고 물어보았습니다. 저는 다 맞는 설교니까 잘 알아서 판단하라고 했습니다. 그분은 잘 견디더니 미국으로 유학을 갔다 온 후에 어느 팀 감독으로 활약하셨습니다.

"우리가 다 실수가 많으니 만일 말에 실수가 없는 자라면 곧 온전한 사람이라 능히 온 몸도 굴레 씌우리라"_약 3:2

저는 이 말씀을 오랫동안 이해하지 못했습니다. 그런데 이번에 조금 이해하게 되었습니다.

사람들은 인생의 갈림길에서 어떤 사람의 말을 듣느냐에 따라 인생의 방향이 달라집니다. 그런데 어느 누구도 성공의 길이나 축복의 길을 가르쳐 줄 정도로 말씀을 정확하게 알지 못하고 있는 것입니다. 즉 우리는 바른 복음을 듣고 믿으면서 예수님을 통해서 생명의 길을 알게 되었습니다. 그러나 그렇다고 해서 성공이나 축복이 자동적으로 오는 것이 아닙니다. 우리는 성경 말씀 가운데서 축복을 찾아내야 하고, 이 세상에서 아름답게 살 수 있는 길을 찾아야 하는 것입니다. 그것을 위해서 우리는 엄청난 훈련을 받아야 합니다.

예를 들어 모세는 이스라엘 백성을 애굽의 압제에서 건져내고야 말겠다는 뜨거운 마음을 가지고 있었습니다. 그러나 모세가 그 열정으로 할 수 있는 것은 애굽의 노예 감독 한 사람을 죽이고 이스라엘 사람의 밀고로 도망치는 것밖에 없었습니다. 결국 모세는 낮아지고 또 낮아지는 가운데 무려 40년의 도망자 생활을 한 후 하나님의 말씀에 붙들리게 됩니다.

요셉은 17세 소년 때에 하나님이 주신 꿈을 꾸지만 그 이야기를 들은 형들은 요셉을 더 미워해서 애굽에 노예로 팔아 버립니다. 요셉은 하나님이 주신 꿈을 이야기하는데 왜 형들이 자기를 미워해서 죽이려고 했을까 하고 의아하게 생각했습니다. 요셉은 형들의 시기심과 열등감을 이해하지 못했던 것입니다. 그리고 요셉은 진리에 명확하지 않았습니다. 요셉은 노예로 팔려 가서는 꿈 이야기를 하지 않았습니다. 이번에 또 꿈 이야기를 했다가는 완전히 미친 놈 취급을 받아서 더 먼 데로 팔려 갈지 몰랐기 때문입니다. 그 대신 요셉은 열심히 노예 생활을 하고 감옥에 들어가서도 열심히 죄수들을 섬겼습니다. 그 결과 꿈이란 꿈은 다 해석하는 지혜가 생기게 되었고, 결국 애굽에 7년 동안 대흉년이 찾아올 것이라는 사실을 알아내어 사람들을 살렸던 것입니다.

솔로몬은 하나님으로부터 놀라운 지혜를 얻었습니다. 그러나 솔로몬은 그 지혜로 하나님의 말씀을 연구하거나 부흥을 위하여 기도하지 않고 금을 모으고 화려한 생활을 하면서 더 유명해지는 쪽으로 머리를 쓰다가 결국 나라를 망하게 합니다.

예수님께서는 "너희는 뱀같이 지혜롭고 비둘기같이 순결하라"(마 10:16)라고 말씀하셨습니다. 그러나 이 두 가지 성품을 함께 지닌 사람은 많지 않습니다. 대개 뱀같이 지혜로운 사람은 믿음이 없고, 비둘기같이 순결한 사람은 우직하지만 지혜가 없고 미련합니다. 우리는 고난의 밑바닥에서 믿음으로 승리해야 순결하고 지혜로운 사람이 되어서 능히 다른 사람들을 생명의 길로 이끌 수 있습니다. 그때 우리는 다른 사람의 선생이 될 수 있는 것입니다.

3. 사람에게 필요한 지혜

공자나 소크라테스 같은 옛날의 사상가들은 두 가지 지혜를 가르쳤습니다. 하나는 사람의 됨됨이를 바르게 하는 지혜이고, 다른 하나는 처세에 성공하게 하는 지혜입니다. 중국의 공자나 그리스의 철학자 소크라테스는 인간의 됨됨이를 가르쳐 주는 선생이었습니다. 그런데 그들의 사상은 위대했을지 몰라도 그들의 인생 자체는 성공적이지 못했습니다. 소크라테스는 아테네의 도덕성 문제를 제기하다가 결국 사형을 선고받고 죽었고, 공자는 현실 정치를 하고 싶어 했지만 써주는 사람이 없어서 결국 제자나 가르치면서 살아야 했습니다. 또 마키아벨리나 손자처럼 전쟁에서 이기고 처세에 능하게 하는 지혜를 가르쳐 주는 사람도 있었습니다.

그런데 옛날 그리스의 소피스트들은 무조건 말을 잘 하는 법을 가르쳤고, 선거에 뽑히고 재판에 이기는 법을 가르쳐 주었습니다. 그래서 당시 그리스에서 정치인으로 성공하려면 이런 소피스트들에게 수사학, 즉 언어의 사용법을 연구하는 학문을 배워야 했습니다. 그런데 사람의 말이라고 하는 것은 정말 다양한 기능을 가지고 있습니다. 사람들은 이 말로 다른 사람을 위로하기도 하지만 저주하기도 합니다. 그리고 다른 사람들을 축복하기도 하지만 선동해서 난리를 일으키는 것입니다.

그런데 우리가 사는 이 사회가 혼란이 많고 분쟁과 다툼이 많은 이유는 어느 누구도 우리의 미래에 대하여 알지 못하기 때문입니다. 만일 누군가가 우리에게 일어날 일을 정확하게 말해 줄 수 있다면 싸우거나 논쟁할 필요가 없을 것입니다. 집안에 어른들은 아무도 없고 아이들만 있을 때 아이들에게 어려운 일이 생기면 서로 싸우려고 합니다. 오늘 우리 시대에 정말 필요한 선생은 외모가 잘생기고 말을 그럴듯하게 하는 사람이 아니라 이 시대를 꿰뚫어보고 미래에 닥칠 일을 정확하게 말해 줄 수 있는 사람입니다. 그런데 그런 지혜를 가진 사람은 아무도 없습니다. 설혹 있다고 해도 사람들은 말을 들으려고 하지 않을 것입니다.

예수님은 예루살렘의 멸망에 대하여 정확하게 말씀하셨지만 아무도 믿으려고 하지 않았습니다. 그러나 자꾸 말하다 보면 믿는 사람이 한두 사람 생깁니다. 그 사람들의 인생은 바른길을 가게 되는 것입니다.

"우리가 말들의 입에 재갈 물리는 것은 우리에게 순종하게 하려고 그 온 몸을 제어하는 것이라 또 배를 보라 그렇게 크고 광풍에 밀려가는 것들을 지극히 작은 키로써 사공의 뜻대로 운행하나니"_약 3:3-4

만일 미친 말 수백 마리가 길에 있다면 모두 미쳐 날뛰어서 정신이 없을 것입니다. 그리고 태풍이 부는데 사공이 없는 배 수백 척이 바다에 떠 있다면 배끼리 부딪쳐서 다 부서지고 말 것입니다. 지금 우리가 사는 세상은 미친 말들이 날뛰고 광풍에 배들이 서로 부딪치면서 침몰하는 세상입니다. 이때 누군가가 지속적으로 하나님의 말씀을 전하고 가르치면 그 말씀을 듣는 자들 중에서 말씀에 은혜를 받아 스스로 입에 재갈을 물리고 배에 키를 달아서 바른길을 가는 사람들이 생깁니다. 만약 말들이 정신을 차린다면 많은 사람들을 태울 수 있을 것이고, 배가 제 방향으로 간다면 더 많은 사람들을 태우고 갈 수 있을 것입니다. 그러나 반대로 타이타닉 호처럼 큰 배가 침몰하거나 버스 사고가 나고 비행기가 추락하면 더 많은 사람들이 죽게 될 것입니다.

독사의 혀 밑에는 독이 있어서 자기가 원하든 원하지 않든 독을 쏘아서 상대방을 죽이게 되어 있습니다. 광야에 서식하는 독사 중에는 독을 쏘아서 눈을 멀게 하는 것들도 있습니다. 하나님의 말씀이 없는 사람들의 입에는 독사의 독이 있어서 말로써 사람을 저주하고, 미치게 하고, 상처를 입혀서 죽입니다.

"혀는 곧 불이요 불의의 세계라 혀는 우리 지체 중에서 온 몸을 더럽히고 삶의 수레바퀴를 불사르나니 그 사르는 것이 지옥 불에서 나느니라"_약 3:6

사람들의 마음속에는 분노와 미움이 있어서 독한 말로 상대방의 마음에 상처를 입히고 병들어 죽게 합니다. 그래서 예수님께서는, "형제에게 노하는 자마다 심판을 받게 되고 형제를 대하여 라가(쓸모없는 놈)라 하는 자는 공회에 잡혀가게 되고 미련한 놈이라 하는 자는 지옥 불에 들어가게 되리라"(마 5:22)라고 말씀하셨습니다.

오늘 사람들은 독사의 독 같은 말로써 사람들을 죽이고 있습니다. 그러므로 우리가 사람들을 살리려면 일단 말을 삼가야 합니다. 우리는 입을 다무는 것부터 배워야 사람을 죽이지 않을 수 있습니다. 거기서 조금 더 나아가서 우리가 말로써 다른 사람의 마음을 시원하게 하고 그 아픔을 줄여 줄 수 있다면 우리는 성공한 것입니다. 즉 우리 안에서 독이 없어진 것입니다. 독사가 아무리 사랑해 봐야 칭칭 감아서 죽이는 것밖에 하지 못할 것입니다. 그러므로 우리는 독사가 되지 말고 물뱀이 되어야 합니다. 일단 자기가 잘났다고 믿고 있거나 똑똑하다고 믿고 있는 사람은 남에게 독을 쏘는 독사 같은 사람입니다. 우리 입에서 진정으로 독이 없어질 때 우리 자신이 하나님 앞에서 합당한 자가 되고 성공적인 인생으로 인정받게 될 것입니다.

 건조한 날씨에 산이나 들에 불이 붙으면 사방으로 불덩이가 날라다니면서 불을 옮깁니다. 이러첨 한 사람의 마음이 병들면 가족이 병들고, 그래서 한 사람이 울화로 죽거나 자살을 하면 온 가족이 한평생 분노로 살아가는 것입니다.

 교회에서 서로 상처를 주지 않도록 조심하시기 바랍니다. 어머니나 아버지가 교회에서 상처를 받아서 죽으면 자식들이 기독교나 교회에 대해 안티가 될 뿐 아니라 한평생 그 교회의 목사나 장로들을 용서하지 않을 것입니다. 우리가 그리스도의 제자라면 겸손해야 합니다. 겸손하지 않은 지혜는 예수님의 지혜가 아니고 세상 지혜인 것입니다. 그리고 절대로 기도하지 않고는 말하지 말고, 남들보다 앞서려고 하지 말아야 합니다. 우리 모두 겸손하기에 힘써서 남을 시험 들게 하지 말고 자기도 지옥 불에 들어가지 않는 교인들이 다 되시기 바랍니다.

실천 10

Practicing Christian

세상에는 없는 *지혜*

| 약 3:5 |

예전에 외국 여행을 할 때에 수족관에 간 적이 있는데 그때 마침 돌고래 쇼를 하고 있었습니다. 여성 조련사가 대형 수족관에서 손가락으로 물을 튕기니까 돌고래들이 나타나서 쇼를 하는데, 점핑을 하기도 하고 뒤로 가면서 춤을 추기도 했습니다. 조련사들은 돌고래가 자기의 말을 들을 때마다 물고기를 상으로 주었습니다.

그 이후에 우리나라에서 『칭찬은 고래도 춤추게 한다』라는 책이 발간되었는데 오랫동안 베스트셀러 목록에 올라 있었고, 그 이후로도 꾸준히 사랑받는 스테디셀러가 되었습니다. 이 책은 켄 블랜차드라는 경영학자이자 연설가가 수족관에서 여성 조련사가 돌고래를 훈련시키는 것을 기업 경영에 적용한 것입니다. 그는 이 책에서 돌고래도 쇼를 하려고 하면 몇 년은 훈련을 받아야 한다고 했습니다. 그런데 무조건 물고기를 주는 것이 아니라 처음에는 줄을 아주 낮게 해서 물속에서 넘게 하고 그 줄을 점점 높이면서 훈련을 시키는데 그때마다 상을 줍니다. 그런데 돌고래가 심술이 나서 점핑을 하지 않을 때는 격리시켜서 벌을 주기도 한다고 했습니다.

　본문을 보면 사람들은 뛰어난 지혜가 있어서 많은 짐승들을 길들이고, 또 엄청난 지식을 쌓아서 학문을 발전시켰다고 말씀하고 있습니다. 그런데 인간들은 그 엄청난 지식을 가지고도 자기의 혀 하나를 길들이지 못하고 악한 말을 해서 다른 사람의 마음을 상하게 하고 분쟁을 일으키고 있다고 말씀하고 있는 것입니다. 인간은 말을 길들이고, 소를 길들이고, 매를 길들였지만 자기 자신을 길들이는 데는 실패한 것입니다. 여기서 우리는 이 세상의 최고의 지혜는 돈을 벌거나 공부를 잘하는 것이 아니라 사람을 변화시키는 것이라는 사실을 알 수 있습니다.

　오늘 우리는 지성인이나 정치인 할 것 없이 언어가 너무 공격적이고 다른 사람의 마음을 상하게 하는 말을 많이 하는 것을 볼 수 있습니다. 그렇다면 그 말은 아무리 논리적으로 옳고 타당하다 하더라도 악의적인 말입니다. 결국 이 세상에서 가장 위대한 것은 상한 마음을 위로할 수 있는 하나님의 말을 할 수 있는 사람인 것입니다.

1. 사람의 탁월한 능력

　인간의 지혜가 얼마나 대단한가 하면, 수백 명을 태우고 하늘을 열 시간 이상 날 수 있는 비행기를 제조하기도 하고, 백 층 이상 되는 건물을 건축하기도 합니다. 그리고 수많은 대학에서 아무리 많은 강의를 해도 소화가 되지 않을 정도로 인간의 지혜는 엄청나게 뛰어나서 과연 못할 일이 없다고 말할 수 있을 정도입니다. 야고보 사도는 이것을 당시의 예를 가지고 설명하고 있습니다.

> "여러 종류의 짐승과 새와 벌레와 바다의 생물은 다 사람이 길들일 수 있고 길들여 왔거니와 혀는 능히 길들일 사람이 없나니 쉬지 아니하는 악이요 죽이는 독이 가득한 것이라"_약 3:7-8

아마 야고보 사도가 오늘날에 살았더라면 인간의 지혜에 대하여 더 많은 감탄을 했을 것입니다. 그러나 2천 년 전 당시만 해도 인간들은 그 지혜를 가지고 도저히 길들지 않을 것 같은 많은 야생동물을 길들여서 사용하고 있었습니다.

요즘은 보기 어렵지만 제가 어릴 적만 해도 서커스단이 동네를 돌아다니며 공연을 했는데, 조련사들이 호랑이를 길들여서 불이 붙은 링을 통과하게 하기도 하고, 또 원숭이를 길들여서 자전거를 타게 하기도 했습니다. 그리고 옛날에는 매를 길들여서 사냥을 했고, 인도 같은 곳에서는 코브라를 길들여 춤을 추게 해서 돈을 버는 사람들도 있었습니다. 오늘날 사람들은 그 뛰어난 지혜로 고급 자동차를 만들어서 타고 다니기도 하고, 스마트폰으로 이야기나 문자를 주고받고 정보를 얻기도 합니다. 그런데 인간이 그 뛰어난 재주를 가지고 하지 못하는 것이 있는데 그것은 바로 자신의 혀를 길들이는 것입니다.

> "혀는 능히 길들일 사람이 없나니 쉬지 아니하는 악이요 죽이는 독이 가득한 것이라"_약 3:8

여기서 '혀는 쉬지 아니하는 악이요 죽이는 독이 가득하다' 는 것은 독사가 혀 밑에서 쉴 새 없이 독을 뿜어내듯이 사람들이 혀를 가지고 끊임없이 독을 뿜어낸다는 것입니다. 독사는 독니 아래에 독샘이 있어서 끊임없이 독을 분비합니다. 뱀의 독니에서 나오는 독은 사람의 신경을 마비시키기도 하고, 눈을 멀게 하기도 하고, 사망에 이르게 하기도 합니다.

예전에 텔레비전에서 밤에 살모사가 쥐를 잡아먹는 장면을 보여 주었습니다. 뱀은 밤에도 물체를 인식할 수 있는데 그것은 체온을 가지고 상대방을 감지하는 능력이 있기 때문입니다. 그래서 쥐가 가까이 왔을 때에 살모사가 가만히 있다가 갑자기 물어버리니까 쥐는 독이 퍼져서 버둥거리다가 당장 죽어 버렸습니다.

그런데 오늘 사람들은 그 엄청난 지혜를 가지고 기계를 만들고 통계표를 작성해서 미래를 예측하는 등 거의 하지 못할 것이 없을 정도의 놀라운 일들을 해내고 있는데 인간이 그 지혜로 딱 한 가지 할 수 없는 것이 있습니다. 인간은 스스로를 변화시키지 못하는 것입니다. 사람들은 자기 자신을 변화시키지 못하기 때문에 서로가 서로에 대하여 맹수나 독사 같은 짓을 합니다. 정욕을 참지 못하는 남자들은 마치 독사와 같이 숨어서 기다리고 있다가 연약한 여성들이 지나가는 것을 보면 덤벼들어서 성추행을 하기도 하고, 가까운 사람에게 악한 말을 해서 속이 병들게 하기도 하고, 어떤 때는 분열을 충동질해서 사회나 단체나 교회에 분란이 일어나게 합니다.

사람들은 말을 가지고 수다를 떨기도 하고, 말을 가지고 정보를 주고받기도 합니다. 그런데 사람들이 자기도 모르게 하는 말 속에는 독이 들어 있는 것입니다. 어떤 때에는 부부 사이에 상대방의 약점을 건드리거나 기분을 상하게 하는 말을 하기도 하고, 어떤 때에는 다른 사람을 도마에 올려놓아서 공개적으로 짓밟는 것입니다. 요즘은 악의적인 글을 인터넷에 올려서 그 사람을 파렴치한으로 만들어 사회적으로 매장시키기도 합니다. 이 모든 일들이 자기가 상대방보다 우월하고 똑똑하다는 것을 나타내기 위해서 상대방에게 독을 쏘아 죽이려고 하는 것입니다.

반면에 이 세상에는 아주 중요한 말들이 있습니다. 그 중의 하나가 의사가 환자에게 하는 말입니다. 의사가 환자의 병을 진단하고 난 뒤에 말기 암이라는 판정을 내리면 이 말은 환자의 생명에 결정적인 영향을 미치는 말인 것입니다. 또 법정에서 판사가 피고인에게 언도를 내릴 때 징역 몇 년이라고 선고를 내리면 피고인은 판사의 말에 따라 몇 년 동안 징역살이를 해야 합니다.

그런데 의사의 말이나 판사의 말보다 더 힘을 가진 말이 있습니다. 그것은 우리 예수 믿는 사람들이 하는 하나님의 말씀입니다. 성경에 모세가 하나님의 말씀을 가지고 대언했을 때 열 가지 기적이 일어났고 홍해가 갈라졌으며, 엘리야가 하나님의 말씀을 가지고 기도했을 때 하늘이 닫혀서 3년 반 동안 비가 오지 않다가 다시 기도하니까 비가 내렸던 것입니다. 예수님께서 하나님의 말씀을 가지고 외치시니까 병든 자들이 벌떡 일어났고, 심지어는 죽은 자도 살아났습니다. 어떤 때는 미친 듯이 날뛰던 바나가 잔잔해지기도 했습니다. 우리가 지금 듣고 있는 하나님의 말씀은 인간의 지혜와도 비교되지 않는 큰 능력의 말씀인 것입니다. 즉 우리 인간은 백 층짜리 빌딩을 짓고 비행기를 날게 하는 지혜를 가지고 있지만 우리는 하늘 문을 열고 사람의 마음을 바꾸는 능력의 말씀을 가지고 있는 것입니다. 나중에 이스라엘 백성은 자기들에게 엄청난 지혜의 말씀이 있었음에도 그 가치를 모르고 잃어버렸다가 땅을 치고 후회했습니다.

요즘 텔레비전을 보면 출연자들이 얼마나 말을 잘 하고 얼마나 전문적인 지식이 많은지 나도 저렇게 말을 잘 할 수 있으면 좋겠다고 생각할 때가 있습니다. 그러나 그렇게 말을 잘 하는 것으로는 자기의 혀를 훈련시키지 못합니다.

그러나 본문이 말씀하는 것은 우리가 어떻게 하면 성경에 나오는 모세나 엘리야 같이 혹은 베드로나 사도 바울 같이 능력 있는 말씀만 할 수 있는가 하는 것입니다. 즉 어떻게 해야 우리가 말을 하기만 하면 그것이 그대로 하나님의 말씀이 되어서 능력이 나타나고 사탄이 소리를 지르며 달아나고 병이 나을 수 있는가 하는 것입니다. 우리는 아무리 웅변이나 연설을 배운다고 해서 모세가 되고 엘리야가 되는 것은 아닙니다. 특히 성경을 보면 모세가 언어에 상당한 장애가 있었던 것을 알 수 있습니다. 그래서 하나님께서 모세에게 애굽으로 가서 이스라엘 백성을 인도해 내라고 하실 때에 모세는 자기는 혀가 둔하기 때문에 갈 수 없다고 했습니다.

2. 능력의 비결

우리의 말에 하나님의 능력이 나타나려면 어떤 비결을 배워야 합니다. 그 중에서 가장 중요한 것이 우리 혀에서 독을 빼내는 것입니다. 혀 밑에 독사의 독을 품고 있으면서 능력의 말씀을 하면 모든 사람들을 다 죽이고 말 것입니다. 우리는 못된 이빨도 뽑고 발톱도 뽑고 독도 제거해서 완전히 바보가 되어야 하고, 하나님의 말씀 외에는 아무것도 모르는 자가 되어야 합니다. 그러면 우리는 이 세상에서 바보 취급을 받고 할 수 있는 것이 아무것도 없어서 무시를 당하게 됩니다. 그러나 그 인생 밑바닥에서 하나님의 말씀이 내 안에 소화가 되기 시작합니다. 즉 하나님의 말씀이 피가 되고 살이 되어서 말씀과 내가 하나가 되기 시작하는 것입니다. 이런 과정 없이 기독교에 대한 책 한두 권을 읽고 아는 체하는 것은 혀 밑에 독이 있어서 잘난 체하는 것밖에 되지 못합니다.

성경에서 위대하게 사용되었던 사람들은 모두 혀 밑에 있는 분노의 독이 빠진 자들이었습니다. 그들은 바보가 되기를 자청한 사람들이었고 오직 하나님의 말씀밖에 몰랐습니다. 그때 이들의 입에서 나오는 말이 능력을 가지기 시작했습니다. 모세의 경우에는 무려 40년 동안이나 미디안 광야에서 훈련을 받으면서 낮아지고 또 낮아지는 과정을 겪어야만 했습니다.

오늘 야고보 사도는 우리도 얼마든지 모세처럼 될 수 있고 엘리야처럼 될 수 있는데 왜 자꾸 전혀 길들여지지 않은 야생동물들처럼 아무 말이나 내뱉고 쓸데없는 소리나 하면서 시간을 낭비하느냐는 것입니다. 결국 사람의 말이 능력이 있으려면 혀만 훈련을 해서는 안 됩니다. 우리의 전 인격을 하나님의 말씀에 쳐 복종시켜야 하는 것입니다.

우리는 모두 모세처럼 되기 원하고 엘리야처럼 되기 원할 것입니다. 그러나 우리가 그렇게 되기 위해서는 우리 자신이 그만큼 죽어져야 합니다. 그렇게 되기 위해서는 다른 사람들의 칭찬이나 인기 같은 것을 다 버리고 말씀 하나만 가지고 죽으면 죽으리라는 결단을 해야 하는 것입니다.

우리 예수 믿는 사람들은 이미 맹수에서 하나님의 양으로 변한 자들입니다. 하나님이 하시는 가장 위대한 일이 우리의 본성을 이리에서 양으로 바꾸시는 것입니다. 사람들은 대개 '신의 지혜'라고 하면 미래를 족집게같이 알아맞히거나 혹은 남들은 해결할 수 없는 어렵고 복잡한 문제를 해결하는 지혜로 생각합니다. 그러나 이 세상에서 가장 뛰어난 하나님의 지혜는 사람을 바꾸는 지혜인 것입니다.

그런데 우리는 고민이 될 때가 많이 있습니다. 그것은 하나님을 믿는다고 하지만 세상적으로 뛰어난 것도 아니고, 그렇다고 해서 하나님의 능력이 뛰어난 것도 아닌 어중간한 상태에 있을 때가 많은 것입니다.

예를 들어 사자나 곰 같은 맹수들도 어릴 때에는 다 귀엽습니다. 그런데 아무리 맹수라고 하지만 이렇게 어릴 때에는 다른 맹수들에게 잡혀 먹기 쉽습니다. 마찬가지로 우리 예수 믿는 사람들도 처음에는 내가 가진 지식이나 세상의 힘으로 살아가기 때문에 세상 사람들과 별로 다를 것이 없습니다. 그런데 어느 순간 하나님의 훈련이 시작되면서 세상의 줄이 끊어지고 연단을 받게 되는데 그때는 하나님의 능력도 잘 나타나지 않습니다. 바로 이때가 우리 그리스도인들에게는 가장 위험하고 어려울 때입니다. 즉 우리가 모세나 엘리야처럼 되어서 하나님의 능력이 한없이 나타난다면 아무도 우리를 건드리지 못할 텐데 세상 능력도 끊어지고 하나님의 능력도 나타나지 않을 때가 가장 애매한 때이고 어려울 때인 것입니다. 그래서 우리는 똑같은 하나님의 백성인데 왜 능력이 나타나지 않는지 고민을 해 봐야 합니다. 왜 나는 하나님을 믿는다고 하면서도 어떤 때에는 좋은 마음을 가졌다가 어떤 때에는 나쁜 마음을 가지는지 고민을 해 봐야 하는 것입니다.

샘물은 언제나 똑같은 맛을 유지합니다. 그래서 몇 년 전이나 몇 년 후나 특별한 일이 없는 이상 물맛이 같습니다. 그런데 만일 어떤 샘물이 시간마다 맛이 다르다면 그 샘물은 이상한 샘물이고 무엇이 잘못되었는지 조사해 봐야 합니다. 이처럼 우리도 기분에 따라서 말을 하게 되고 좋은 말뿐만 아니라 남에게 상처를 주는 말을 쉴 새 없이 쏟아냅니다. 우리의 입에서 좋은 말과 나쁜 말이 섞여서 나온다는 것은 아직 우리 안에 하나님의 능력이 불완전한 것을 보여 주는 것입니다. 왜냐하면 하나님의 능력은 말을 통해서 나타나기 때문입니다.

"이것으로 우리가 주 아버지를 찬송하고 또 이것으로 하나님의 형상대로 지음을 받은 사람을 저주하나니 한 입에서 찬송과 저주가 나오는도다 내 형제들아 이것이 마땅하지 아니하니라"_약 3:9-10

우리 그리스도인들의 마음에는 구멍이 두 개가 있습니다. 하나는 정욕의 시키먼 물이 나오는 구멍이고, 다른 하나는 성령의 깨끗한 물이 나오는 구멍입니다. 세상 사람들의 마음을 깨끗하게 할 수 있는 방법은 오직 마음을 가라앉히는 방법밖에 없습니다. 움직이지 않고 가만히 있으면 구정물이 가라앉는 것입니다. 그러나 누군가가 휘저으면 다시 물이 혼탁해지게 되어 있습니다. 그러나 그리스도인들에게는 성령의 물이 들어오기 때문에 근본적으로 마음이 정결할 수 있습니다. 그러므로 우리는 언제나 더러운 물이 나오는 구멍은 철저하게 막고 성령이 우리 마음에 흘러 들어오게 해야 합니다.

우리도 인간이기 때문에 화가 나거나 나쁜 마음을 먹으면 마음속에 독하고 더러운 물이 나오게 됩니다. 그때 다른 사람에게 말을 하면 그 말이 옳든지 틀리든지 상관없이 저주가 됩니다. 그러므로 우리는 화가 난 상태에서는 절대로 다른 사람에게 말하지 않는 것부터 배워야 합니다. 우리는 할 수 있으면 입을 다물어야 합니다. 그래야 다른 사람에게 독을 뿜지 않을 수 있습니다. 사실 우리가 은혜를 받으면 이상하게 말이 적어지고, 특히 말을 잘 하지 못하게 됩니다. 사람이 축복도 하고 저주도 할 때 상대방은 정체성에 혼란이 생겨서 우울증이 생기거나 정신병이 생기는데 이것은 상대방을 죽이는 것입니다.

우리가 은혜를 받기 위해서 가장 중요한 것이 속사람을 하나님의 말씀에 단단히 잡아매는 것입니다. 즉 우리의 분노나 미움의 감정을 하나님의 말씀을 가지고 때려 눕혀서 절대로 말이 되어서 나가지 못하게 해야 하는 것입니다. 사람은 마음속에 쌓은 선에서 선한 것을 내고, 마음속에 쌓은 악에서 악한 것을 내게 되어 있습니다.

예배에 은혜를 받을 때 우리는 마음이 하나님의 은혜로 충만해집니다. 그러면 저절로 축복이 나오고 찬송이 입에서 나오게 됩니다. 이것이 하나님의 능력을 가져오게 하는 것입니다.

그리스도인은 몸 자체가 최대의 악기요, 도구입니다. 하나님은 우리의 인격과 몸을 연주해서 이 우주에서 낼 수 있는 가장 아름다운 소리를 내십니다. 하나님은 우리로 하여금 이 우주에서 가장 아름다운 일을 하게 하십니다. 그러므로 우리가 자신의 가치를 안다면 함부로 자기 자신을 다루지 않을 것입니다.

> "내 형제들아 어찌 무화과나무가 감람 열매를, 포도나무가 무화과를 맺겠느냐 이와 같이 짠 물이 단 물을 내지 못하느니라"_약 3:12

예수님은 좋은 나무가 좋은 열매를 맺는다고 말씀하셨습니다. 그래서 우리는 말을 멋있게 잘 하기보다는 속사람이 변해야 합니다. 즉 우리는 속으로 하나님의 진액을 받아들여야 하는 것입니다. 겉으로 보기에는 투박한 가시나무요 엉겅퀴라 할지라도 하나님의 진액을 품으면 좋은 열매가 맺힙니다.

3. 하나님의 지혜의 특징

"너희 중에 지혜와 총명이 있는 자가 누구냐 그는 선행으로 말미암아 지혜의 온유함으로 그 행함을 보일지니라"_약 3:13

사람들이 말하는 지혜와 총명은 그것을 어떤 감정에 담아서 말을 하느냐에 따라 축복이 될 수도 있고 저주가 될 수도 있습니다. 대개 세상적으로 공부를 많이 하고 똑똑한 사람들은 혀를 자유자재로 굴려서 말도 아주 잘 합니다. 그러나 세상 지혜는 남을 깎아내리고 자기 자신을 추켜세우는 지혜이기 때문에 그것은 저주가 될 수밖에 없습니다.

그러나 우리 믿는 사람들에게는 위대한 하나님의 말씀이 있습니다. 이 말씀은 죽은 자를 살리며 불가능한 것을 가능하게 하는 능력의 말씀입니다. 그런데 이 세상에서는 하나님의 말씀을 조금도 가치 있는 것으로 인정해 주지 않습니다. 이 세상에서 인정해 주는 것은 세상의 지혜와 학벌입니다. 그리고 역시 세상적으로 공부를 많이 한 사람들이 훨씬 말도 잘하고 똑똑합니다. 오히려 우리 예수 믿는 사람들은 무식해서 남들 앞에서 논리적으로 이야기를 잘 하지 못합니다. 그러나 이런 지혜나 지식은 선한 감정으로 말하지 못하면 아무 소용이 없는 것입니다.

> "그러나 너희 마음 속에 독한 시기와 다툼이 있으면 자랑하지 말라 진리를 거슬러 거짓말하지 말라 이러한 지혜는 위로부터 내려온 것이 아니요 땅 위의 것이요 정욕의 것이요 귀신의 것이니"_약 3:14-15

사람들은 유식하고 많이 배울수록 남을 깎아내리고 자기를 내세워서 우쭐대고 싶은 욕망이 있습니다. 그것은 열등감에서 비롯된 것입니다. 진정한 지혜를 가진 자는 절대로 자기를 내세울 필요를 느끼지 않습니다. 세상적인 지혜의 특징이 자기주장은 할 수 있는데 하나님의 능력이 임하게 할 수 없다는 것입니다. 결국 우리에게 중요한 것은 이 세상에 하나님의 능력이 임하게 하는 지혜인 것입니다.

사람들은 유식하게 보이기 위해서 세상적인 지식을 교회 안으로 끌고 들어올 때가 많습니다. 그렇게 되면 교회 안에 똑똑한 자와 무식한 자 사이에 분열이 생기고, 더 중요한 것이 성령이 역사하지 않습니다.

교회는 야생동물과 같은 우리를 하나님의 양으로 바꾸는 곳입니다. 우리는 예전에 이리같이 사나운 사람들이었는데 하나님의 말씀이 온순한 양으로 변화시킨 것입니다. 이것이 교회가 하는 가장 위대한 일입니다. 그러나 세상 지식은 결코 사람을 변화시키지 못합니다. 여전히 사납고 여전히 교만하기 때문에 결국 모든 곳에서 싸우고 다투는 것입니다. 결국 교회나 사회가 다투고 분열하는 것은 변화되지 못했기 때문입니다.

성경에서 말하는 지혜와 총명은 세상 지식을 자랑하는 것이 아니라 행함으로 나타나는 지혜입니다. 오늘날 사람들이 멸망의 길을 가는 것은 지식이 적어서 그런 것이 아닙니다. 사람들이 그 엄청난 지식을 가지고서도 자기 자신을 제어할 수 없기 때문에 지옥으로 가는 것입니다.

야고보 사도는 교회 안에서 세상의 지혜를 쓰지 말라고 했습니다. 왜냐하면 교회 안에서 세상 지혜를 사용하면 바른 하나님의 말씀이 막히고 성령의 역사가 막히기 때문입니다. 그래서 무슨 수를 써서라도 세상의 유행이나 세상의 지식을 교회 안에 가지고 오면 안 됩니다. 오히려 하나님의 말씀으로 세상적인 것들을 몰아내야 부흥이 일어납니다.

교회에는 하나님의 진리가 있습니다. 하나님의 진리가 바로 선포될 때 모세의 능력이 나타나고, 엘리야의 능력이 나타나는 것입니다. 이것은 어느 한 사람이 할 일이 아니고 우리 모두가 해야 할 일입니다. 그래서 우리는 모두 하나님의 성전을 쌓고 있는 것입니다. 여기서 나오는 성령의 바람이 에스겔 골짜기의 뼈들을 살릴 것이요, 이 성전의 문지방에서 나오는 생수가 죄로 썩은 세상을 살릴 수 있는 것입니다. 이것은 결코 우리 한 사람의 힘으로 되지 않습니다.

오늘 사람들에게 사활이 달린 중요한 문제는 하나님의 말씀과 성령의 능력입니다. 이것은 유명한 대학이 할 수 있는 것이 아닙니다. 이것은 오직 우리 믿는 자들이 모인 성전에서만 이루어질 수 있는 것입니다. 결국 이 말씀과 성령이 이 세상의 미움과 범죄와 전쟁을 그치게 할 것입니다.

"오직 위로부터 난 지혜는 첫째 성결하고 다음에 화평하고 관용하고 양순하며 긍휼과 선한 열매가 가득하고 편견과 거짓이 없나니 화평하게 하는 자들은 화평으로 심어 의의 열매를 거두느니라"_약 3:17-18

야고보 사도는 하나님의 지혜의 특징부터 설명하고 있습니다. 하나님의 지혜는 성결합니다. 즉 하나님의 지혜는 깨끗할 뿐 아니라 죄를 이기는 능력이 있습니다. 다른 사람을 정결하게 하는 능력이 있는 것입니다. 그리고 하나님의 지혜는 사람을 화해하게 합니다. 왜냐하면 하나님의 지혜는 남을 공격하고 깎아내리는 것이 아니라 남을 이해하고 감싸 주는 능력이 있기 때문입니다. 또한 하나님의 지혜는 관용을 베풉니다. 왜냐하면 우리 모두가 부족한 사람인 줄 알기 때문입니다. 우리는 부족하고, 실수할 수 있는 불완전한 자들입니다. 우리는 지금 이 정도를 믿는 것만 해도 대단한 것입니다. 그리고 하나님의 지혜는 양순합니다. 하나님의 말씀은 부드럽고, 격분하거나 남을 자극하지 않습니다. 또 하나님의 지혜는 긍휼과 선한 열매가 가득하다고 했습니다. 즉 하나님의 진액을 빨아들였기 때문에 선한 열매가 가득한 것입니다. 그리고 사람을 가르지 않습니다. 편견이나 거짓이 없습니다. 그래서 화평을 심어 의의 열매를 거둔다고 하였습니다.

이 얼마나 좋은 지혜입니까? 보통 교회에서나 어떤 단체에서 보면 인간의 지혜를 좋아하는 사람이 있는가 하면 반대하는 사람도 있습니다. 그래서 인간의 지혜는 사람의 편을 나눌 때가 많습니다. 그러나 하나님의 지혜는 모든 사람의 마음을 하나가 되게 합니다. 왜냐하면 하나님의 지혜는 모든 사람을 인정하며 그들의 필요를 다 채워 주기 때문입니다.

오늘 우리에게 중요한 것은 어떻게 하면 내가 더 똑똑해질 수 있는가 하는 것이 아니라 어떻게 하면 평화를 가져올 수 있는가 하는 것입니다. 우리나라는 모든 부분에서 내부적인 갈등이 심각한 상태에 있습니다. 어떻게 하면 우리나라가 찢어지거나 깨어지지 않고 미래의 행복을 향해 나아갈 수 있겠습니까? 그것을 군인이 하겠습니까?

정치인이 하겠습니까? 외교부에서 하겠습니까? 학자들이 하겠습니까? 결국 하나님의 말씀밖에 없습니다. 우리가 이 세상의 모든 자랑이나 욕심이나 행복을 포기하고 하나님의 말씀을 붙들 때 하나님께서 이 나라를 불쌍히 여겨 주시는 것입니다.

우리는 다른 사람에 대하여 화를 낼 필요가 없게 되었습니다. 왜냐하면 이 세상에서 받지 못하는 것을 하나님이 다 주시기 때문입니다. 하나님께서 이 세상의 죄를 용서하셨습니다. 그래서 이 세상에 성령이 오심으로 평화가 오게 된 것입니다. 오늘도 우리는 하나님의 말씀을 붙들어서 먼저 우리 마음에 평화가 임하고, 다른 모든 사람들의 부족한 것들을 용납할 수 있기를 바랍니다.

실천 11

Practicing Christian

욕망의 방향

| 약 4:1-5 |

사람들은 흔히 욕망은 끝이 없다고 말을 합니다. 즉 어떤 물건이 필요한데 없으면 하나만 있으면 좋겠다고 생각하다가 그 물건이 생기면 더 많이 가지기를 바랍니다. 또 아이가 병들어 있으면 아이의 병만 나으면 좋겠다고 생각하다가 아이의 병이 나으면 키가 컸으면 좋겠다고 말하고, 키가 커지면 얼굴이 잘생겼으면 좋겠다고 말하고, 얼굴이 잘생겨지면 공부도 잘했으면 좋겠다고 생각합니다. 그리고 차가 없을 때에는 중고차라도 하나 있으면 좋겠다고 생각하다가 중고차가 생기면 이번에는 소형차라도 새 차를 가지고 싶어 하고, 새 차를 타게 되면 중형차를 타고 싶어집니다.

우리는 인간의 이런 욕망을 무조건 나쁘다고 말할 수는 없습니다. 왜냐하면 요즘 사람들 중에는 삶에 의욕이 없어서 살려고 마음만 먹으면 얼마든지 살 수 있는데도 불구하고 삶을 포기하고 자살을 하는 사람이 너무 많기 때문입니다. 오히려 욕망은 우리 삶에 있어서 하나의 에너지라고 해도 과언이 아닙니다. 사람들이 그 에너지를 잘못된 방향으로 분출시키지 않고 욕망을 잘 제어하고 방향을 잘 잡으면 유익할 수도 있는 것입니다.

집에서 아이들을 키우다 보면 형제나 자매들이 먹을 것이나 학용품을 서로 차지하려고 다툴 때가 있습니다. 예를 들어 언니가 동생이 부모님에게 선물로 받은 인형을 억지로 빼앗으려고 하고, 동생은 그것을 빼앗기기 싫으니까 울면서 싸우는 것입니다. 이때 엄마나 아빠는 언니를 나무라면서, "너는 다 큰 녀석이 왜 동생 인형을 억지로 뺏니? 필요한 것이 있으면 엄마나 아빠에게 이야기를 하면 될 것 아니야!"라고 하면서 야단을 치십니다.

여기에는 두 가지 의미가 있습니다. 그것은 우선 언니는 동생과 가지고 노는 것이 달라야 한다는 뜻이 있고, 또 하나는 네가 필요한 것이 있으면 동생 것을 억지로 뺏거나 혹은 남의 것을 빌리지 않아도 엄마나 아빠는 얼마든지 사 줄 수 있다는 뜻입니다.

그런데 위에서 예로 든 이 두 가지가 우리 크리스천이 이 세상에서 어떻게 살아야 하는지를 보여 줍니다. 우선 이 세상에는 우리가 필요로 하는 것이나 가지고 싶은 것이 많이 있습니다. 이 모든 것들은 돈으로 살 수 있는데 우리는 하나님으로부터 아직 돈을 잘 버는 기술을 배우지 못한 것입니다. 그렇다고 해서 우리가 은행 강도가 될 수는 없습니다. 이때 우리는, 하나님은 우리를 사랑하신다고 하면서 왜 우리에게 필요한 돈을 주지 않으실까 하고 불만을 털어놓습니다. 그러면 하나님께서 우리에게, "너는 언니 아니냐? 언니는 이 세상 사람들과 다른 것을 가지고 놀아야 한다"라고 말씀하시는 것입니다. 그리고 하나님께서는 우리에게, "너희에게 필요한 것이 있으면 무엇이든지 달라고만 해라. 내가 전부 다 주겠다"라고 말씀하시는 것입니다.

즉 우리는 하나님을 믿는다고 하면서도 인간이기 때문에 다른 사람들과 똑같은 것을 욕망하고 있습니다. 우리는 모두 좋은 집에서 살고 싶어 하고, 좋은 옷을 입고 싶어 하며, 돈이 아주 많아서 풍족한 삶을 살고 싶어 합니다. 그런데 하나님은 우리에게 그렇게 많은 돈을 주시지 않는 것입니다. 그러면서 하나님은 우리에게 "너희는 언니야!"라고 말씀하십니다. 즉 언니는 동생들과 다른 것을 가지고 놀아야 한다는 것입니다.

1. 지체 안에서 다툼

"너희 중에 싸움이 어디로부터 다툼이 어디로부터 나느냐 너희 지체 중에서 싸우는 정욕으로부터 나는 것이 아니냐"_약 4:1

야고보 사도가 당시 사회를 보니까 사람들이 조금이라도 더 가지기 위해서 엄청난 싸움을 하고 있었습니다. 그런데 교회도 그러한 사람들과 마찬가지로 조금이라도 더 가지려고 다툼을 벌이고 있는 것입니다. 즉 교회에도 먹을 것이나 입을 것이나 좋은 것이 한정되어 있는데 모두 조금이라도 더 가지기 위해서, 조금이라도 더 높아지기 위해서 싸우고 다투고 있었던 것입니다. 그런데 사람들이 그렇게 머리가 터져라고 싸우는 이유는 똑같은 사람들이기 때문입니다. 어느 한쪽이라도 생각이 다르거나 어른스럽거나 다른 것에서 답을 찾으면 그렇게 싸우거나 다툴 필요가 없는데 똑같은 생각을 가지고 있으니까 싸우는 것입니다. 이때 다툼을 해결할 수 있는 방법이 무엇일까요? 누군가가 눈을 들어서 더 큰 세계를 바라보는 것입니다.

옛날에 우리나라는 모두 가난하고 가진 것이 없어서 서로 싸우고 다투어 봐야 서로가 더 어려워질 뿐이었습니다. 이때 우리나라 기업가들 중에 먼 외국을 볼 수 있는 사람들이 있었습니다. 이 사람들이 이 좁은 세계에서 서로 먹고 먹히는 싸움을 하지 않고 먼 외국을 상대로 해서 기술을 개발하고 물건을 만드니까 모두가 살 수 있는 길이 열렸던 것입니다.

본문에 보면 "너희 지체 중에서 싸우는 정욕"이라고 말씀하고 있습니다. 이것은 우리가 가진 것이 별로 없는데 우리 안에서 아무리 치고받고 싸워 봐야 달라질 것이 없다는 뜻입니다. 다시 말해서 우리나라의 경제도 더 넓은 세계를 바라본 결과 이렇게 발전했는데 이것을 신앙의 세계에도 한번 적용을 해 보자는 것입니다. 즉 하나님은 이 모든 복을 다 주시는 분인데 우리가 서로 잘났다고 치고받고 싸워 봐야 달라질 것이 아무것도 없는 것입니다. 우리에게 중요한 것은, 왜 우리는 우리의 영역을 하나님에게까지 범위를 넓힐 수 없느냐 하는 것입니다. 달리 말해서 우리는 왜 하나님으로부터 복을 끌어오지 못하느냐 하는 것입니다.

본문은 우리가 다른 사람들처럼 이 세상의 것을 욕망하는 것은 어리석은 짓이라고 말씀하고 있습니다. 왜냐하면 지금 우리 앞에는 어마어마한 하나님의 축복이 있기 때문입니다. 우리가 하나님께 나아가기만 하면 이 세상의 모든 갈등이나 싸움이나 어려움이 다 해결될 수 있는 복이 있는데 우리는 다른 사람들과 마찬가지로 그것을 보지 못하고 똑같이 더 많이 가지려고 싸우고 있는 것입니다.

우리나라 안에는 많은 갈등과 다툼이 있습니다. 그런데 이 투쟁이 보통 치열한 것이 아닙니다. 얼마 전까지만 해도 노사 간의 갈등이 엄청나게 격렬했습니다. 그 이유가 무엇입니까? 사람들은 목숨을 걸고 싸워야 내 이익을 지킬 수 있다고 생각하기 때문입니다. 우리는 또 가족들 간에도 싸우는 것을 많이 보게 됩니다. 부모의 유산이 많은 경우 서로 조금이라도 많이 차지하려고 싸웁니다. 그리고 부모님이 편찮으시거나 남겨줄 유산이 없으면 서로 모시지 않으려고 싸웁니다. 그 이유가 무엇입니까? 하나님께서 이 땅을 축복하지 않으셔서 그런 것입니다.

이때 우리는 세상 사람들과 똑같이 조금이라도 더 차지하기 위해서 다투고 싸울 것이 아니라 근본적으로 하나님의 축복을 구해야 합니다. 하나님께서 복을 쏟아부어 주시면 이 모든 문제들은 한 번에 다 해결될 수 있는 것입니다. 그 열쇠를 누가 가지고 있습니까? 바로 오늘 우리가 가지고 있는 것입니다.

예수님께서는 베드로에게 '천국의 열쇠를 네게 준다'고 하셨습니다. 또 예수님께서는 "다윗의 열쇠를 가지신 이 곧 열면 닫을 사람이 없고 닫으면 열 사람이 없는 그가 이르되…네 앞에 열린 문을 두었으되 능히 닫을 사람이 없으리라"(계 3:7-8)라고 말씀하셨습니다. 지금 우리는 만복의 근원이 되시는 하나님께서 문을 열어 놓고 기다리고 계시기 때문에 가족들끼리 싸울 필요도 없고 자기 혼자 괴로워할 필요도 없습니다. 우리는 하나님의 축복이 오게 하면 되는 것입니다. 그것이 바로 부흥입니다.

2. 바른 욕망의 방향

우리 모든 인간은 살아 있는 이상 무엇인가를 욕망하게 되어 있습니다. 기본적인 욕망인 식욕부터 시작해서 자아를 성취시키고 다른 사람들에게 인정과 존경을 받고 싶은 욕망이 있습니다. 우리는 이 모든 욕망을 나쁘다고 말할 수는 없습니다. 그런데 우리의 욕망은 얼마든지 나쁜 욕망이 될 수도 있고, 좋은 욕망이 될 수도 있습니다.

2절 하반절을 보면, "너희가 얻지 못함은 구하지 아니하기 때문이요"라고 말씀하고 있습니다. 우리가 하나님 앞에서 바로 기도하기만 하면 모든 것이 다 해결된다는 뜻입니다.

2절 상반절에는 "너희는 욕심을 내어도 얻지 못하여 살인하며 시기하여도 능히 취하지 못하므로 다투고 싸우는도다"라고 하였는데 여기에 '살인하며'라는 말이 들어 있는 것에 사람들은 놀랍니다. 굳이 사람을 죽이기까지 하겠느냐는 것입니다. 그러나 사람들은 내가 살기 위해서는 다른 사람이 죽더라도 상관이 없다고 생각하는데 이것은 나쁜 욕망입니다. 즉 사람들은 상대방을 죽여야 내가 산다고 생각합니다. 이는 마치 맹수들이 자기 눈앞에 있는 먹이를 빼앗기지 않으려고 목숨을 걸고 싸우는 것과 같습니다. 오늘 사람들은 무엇이든지 목숨을 걸고 죽기 아니면 살기 식으로 싸우는 것입니다.

그러나 하나님은 그 정도의 열심으로 하나님을 찾으라는 것입니다. 죽기 아니면 살기 식으로 하나님의 말씀을 구하고 은혜를 구한다면 복을 받지 못할 사람이 없을 것입니다.

우리 인간에게 욕망이 있다는 것은 어떤 의미에서 좋은 것입니다. 어떻게 보면 욕망이라는 것은 이 세상을 살아가는 에너지라고 볼 수 있습니다. 사람이 아무것도 욕망하는 것이 없다면 그야말로 맥이 빠져서 아무것도 하지 않으려고 할 것입니다. 그러나 사람이 무엇을 욕망하느냐에 따라서 그 결과는 엄청나게 달라질 것입니다.

본문은 우리 믿는 사람들에게 이 세상의 것을 가지고 머리 터지도록 싸우려고 하지 말고 하나님을 욕망하라고 말씀하고 있습니다. 우리가 하나님의 말씀을 욕망하고, 성령을 욕망하고, 부흥을 욕망할 때 이 세상에서도 복을 받을 수 있습니다. 그러나 하나님의 축복을 내팽개치고 세상의 것을 욕망하면 우리는 세상 것조차도 가지지 못할 것입니다. 물론 이 세상에 좋은 것들이 많이 있는 것은 사실입니다. 그러나 세상에 있는 좋은 것들은 모두 우리가 사모해야 할 것들이 아닙니다. 우리가 진심으로 사모해야 할 것들은 하나님 앞에 있습니다. 하나님 앞에서 말씀을 듣고 부르짖으며 기도할 때 우리는 이 복을 받을 수 있는 것입니다.

원래 하나님께서 사람의 마음속에 주신 욕망은 참으로 아름다운 욕망이었습니다.

> "참고 선을 행하여 영광과 존귀와 썩지 아니함을 구하는 자에게는 영생으로 하시고"_롬 2:7

하나님께서 우리에게 주신 욕망은 하나님을 사모하는 욕망이었습니다. 왜냐하면 하나님 안에 좋은 것이 다 있기 때문입니다. 또한 우리가 하나님을 찾을 때 하나님께서는 이 세상의 모든 갈등이나 고통까지 다 해결해 주실 것을 약속하셨습니다. 세상 사람들은 하나님을 모르기 때문에 눈에 보이는 것을 더 차지하고 자기의 것을 빼앗기지 않기 위하여 싸우고 다투는 것이 당연합니다. 그러나 우리는 그렇게 해서는 안 됩니다. 왜냐하면 우리는 이 세상 사람들에게는 영적인 언니이기 때문입니다. 하나님은 언제나 이스라엘 백성을 '내 장자'라고 부르셨습니다. 우리는 하나님의 장자이기 때문에 하나님을 상대해서 인간의 미래나 축복에 대하여 의논할 자격이 있는 것입니다. 하나님은 우리 장자들이 바른 정신을 가지고 하나님 앞에 나아오기만 하면 우리가 구하는 모든 것을 다 들어주실 준비를 하고 계시는 것입니다. 우리는 그것을 구해야 합니다.

"너희가 얻지 못함은 구하지 아니하기 때문이요"_약 4:2 하

하나님께서는 우리가 구하지 않아도 많은 것을 알아서 채워 주십니다. 집안에서도 부모님은 아이들이 필요한 것을 미리 준비해 주십니다. 겨울이 오기 전에 겨울옷을 사 주시고, 눈이 나쁘면 안경점에 데리고 가서 안경을 맞추어 주십니다.

"너희 중에 누가 아들이 떡을 달라 하는데 돌을 주며 생선을 달라 하는데 뱀을 줄 사람이 있겠느냐 너희가 악한 자라도 좋은 것으로 자식에게 줄 줄 알거든 하물며 하늘에 계신 너희 아버지께서 구하는 자에게 좋은 것으로 주시지 않겠느냐"_마 7:9-11

부모들 중에서 자식이 떡을 달라고 하는데 돌을 주면서 먹으라고 하고, 생선을 달라고 하는데 뱀을 줄 부모는 없습니다. 인간들도 모두 자기 자식에게는 좋은 것을 주고 싶어 합니다. 본문에 "너희가 악한 자라도"라고 말씀하고 있습니다. 아무리 부모가 악하다 하더라도 자기 자식에게는 좋은 것을 주고 싶어 합니다. 그런데 하물며 하나님 아버지께서 우리에게 좋은 것을 주고 싶어 하시지 않겠습니까?

그러나 우리의 어려움은 우리가 하나님 앞에서 무엇을 달라고 해야 하는지 모르는 것입니다.

예수님께서는 "그러므로 염려하여 이르기를 무엇을 먹을까 무엇을 마실까 무엇을 입을까 하지 말라 이는 다 이방인들이 구하는 것이라 너희 하늘 아버지께서 이 모든 것이 너희에게 있어야 할 줄을 아시느니라"(마 6:31-32)라고 말씀하셨습니다.

물론 우리는 이 세상에서 필요한 것을 가지고 기도할 수 있습니다. 그러나 하나님께서는 우리에게 더 중요한 것이 있다고 생각하시는 것입니다. 우리는 그것을 가지고 기도해야 응답을 받을 수 있습니다. 그것이 무엇일까요? 우리는 이 세상에 있는 것보다는 하나님이 주고 싶어 하시는 것을 달라고 해야 합니다. 우리는 무엇보다 하나님의 말씀을 달라고 해야 합니다. 왜냐하면 하나님의 말씀 안에 모든 복이 다 들어 있기 때문입니다. 그다음에는 뜨거운 기도를 달라고 해야 합니다. 왜냐하면 말씀을 붙들고 기도할 때 부흥이 일어나기 때문입니다. 그리고 부흥이 일어날 때 기도하면 응답이 되게 되어 있습니다. 우리는 이때를 놓쳐서는 안 됩니다. 우리는 이때 열심히 기도해서 모든 복을 다 얻어야 하는 것입니다.

하나님께서 우리에게 성경 말씀을 주신 것은 하나님께서 우리에게 백지 수표를 끊어 주신 것과 같습니다. 성경이 해석되고 적용될 때 하나님의 보물 창고는 열립니다. 다른 방법으로 하나님의 축복에 그렇게 가까이 접근하는 것은 불가능합니다. 아무리 신비적인 체험을 하고 열광적으로 믿어도 하나님의 말씀이 아니면 하나님의 축복 속으로 들어갈 수 없습니다. 우리는 하나님께 성령의 불을 달라고 기도해야 합니다. 그래야 우리는 사탄의 시험을 이길 수가 있습니다.

우리 믿는 자에게 성령이 부어질 때 세상도 변합니다. 이 세상에도 하나님의 복이 부어지는 것입니다. 그래서 세상에 전쟁의 위기가 없어지고 지진도 일어나지 않습니다. 그리고 경제가 부흥되기 시작합니다. 사람들이 술을 덜 마시게 되고, 미친 사람들이 적어지며, 이혼율이 떨어집니다.

"구하여도 받지 못함은 정욕으로 쓰려고 잘못 구하기 때문이라"_약 4:3

우리는 하나님이 주신 복을 가지고 더 유명해지고 높아지고 정욕적으로 사는 데 쓰려고 하면 안 됩니다. 우리는 하나님이 복을 주실수록 더 겸손하고 더 청빈하고 부흥을 위해서 우리의 모든 것을 다 써야 하는 것입니다. 그래서 하나님은 우리에게 복 주시기 전에 우리의 믿음을 달아 보십니다. 즉 복을 주시기 전에 왜 우리가 복을 원하는지 확인을 하시는 것입니다. 우리는 여기에 합격해야 합니다.

하나님의 은사는 한정이 없습니다. 하나님의 축복은 무한히 넓은 바다와 같습니다. 아무리 위대한 하나님의 종이라고 하더라도 그가 사용한 하나님의 은혜는 넓은 바다의 한 바가지의 물에 불과합니다. 모세나 엘리야가 사용했던 하나님의 축복도 한 바가지에 불과한 것입니다. 오늘 우리도 그렇게 될 수 있습니다. 성경은 우리에게 세상적인 방식으로 살려고 하지 말라고 하십니다. 사람들은 끊임없이 싸우고 투쟁합니다. 그러나 그것은 하나님이 없을 때의 일입니다. 우리에게는 기도라고 하는 가장 강력한 수단이 있습니다. 하나님의 무한한 힘을 공급받는 길이 있기 때문에 우리는 싸우고 시기하면서 살 필요가 없습니다.

3. 연애하시는 하나님

사람은 모두 자기가 사랑하는 사람을 독점하고 싶은 마음이 있습니다. 그리고 상대방도 나만을 사랑해 주기를 바랍니다. 그리고 그것이 있기 때문에 건전한 가정이 유지됩니다.

그런데 놀라운 것이, 하나님께서 우리에 대하여 질투의 감정을 가지고 계신다는 것입니다.

"간음한 여인들아 세상과 벗된 것이 하나님과 원수 됨을 알지 못하느냐 그런즉 누구든지 세상과 벗이 되고자 하는 자는 스스로 하나님과 원수 되는 것이니라"_약 4:4

여기서 "세상과 벗된 것"은 무엇을 말할까요? 이것은 우리가 세상과 연애를 하는 것입니다. 즉 세상을 진심으로 사랑하고 세상을 내 인생의 목표로 삼는 것입니다. 그러나 하나님은 끝까지 우리와 연애하기를 원하시고, 끝까지 우리를 세상에 빼앗기는 것을 원하지 아니하십니다.

하나님은 우리에 대하여 전혀 시기심을 가지거나 질투의 감정을 가지실 이유가 없습니다. 왜냐하면 우리는 하나님의 사랑의대상이 될 수 없기 때문입니다. 사람이 돼지에 대하여 질투한다는 것은 말이 되지 않는 것입니다. 그러나 하나님께서는 이 세상에 모든 좋은 것을 다 제쳐놓고 우리만 좋아하십니다. 하나님께서는 우리와는 견줄 수 없는 분인데도 우리를 질투하면서 사랑하십니다. 우리는 이것을 이해할 수가 없습니다. 그러나 이것은 사실입니다.

우리가 이 세상에 있는 것을 유익하게 사용하는 것은 절대로 죄가 되지 않습니다. 그러나 우리가 세상과 연애를 할 때, 우리가 세상 자체를 목적으로 삼을 때 우리는 하나님과 원수가 되는 것입니다. 즉 하나님의 마음이 한없이 아프고 우리에 대하여 실망하시는 것입니다. 놀랍게도 하나님에게 가장 중요한 것은 우리 믿는 사람들입니다. 예수 믿고 변화된 우리가 하나님에게는 최고로 중요한 재산입니다. 그런데 우리가 세상과 연애하고 세상에 모든 의미를 두고 세상의 성공을 자랑하면서 하나님의 은혜를 업신여길 때 하나님은 배신감을 느끼시는 것입니다.

오늘 본문에서 야고보 사도는 그리스도인들에게 "간음한 여인들아"라고 하였습니다. 다른 말로 하면 바람난 여자들이라는 것입니다. 이것은 우리가 진정 하나님만 사랑하는 것으로 만족하지 못하고 세상에서 다른 사랑을 찾았다는 것입니다. 즉 우리가 세상과 연애하는 것은 간음하는 것과 같은 것입니다.

사람이 사랑에 빠지면 다른 사람들이 금방 알 수 있습니다. 왜냐하면 다른 것은 일체 생각하지 않고 오직 사랑하는 사람만 생각하기 때문입니다. 사랑하는 사람과 만나고 데이트하는 것은 그렇게 행복한 것입니다. 그러나 우리는 세상과 연애하면 안 됩니다. 우리가 세상과 연애하는 순간 우리는 진실하지 못하고 사악하게 변질됩니다. 하나님은 우리가 변질되는 것을 가장 싫어하십니다. 우리 성도들 중에는 하나님과 연애하는 사람들이 많습니다. 예배 시간마다 그 먼 곳에서 한 번도 빠지지 않고 달려오시는데 그 얼굴에 하나님과 사랑에 빠진 것이 나타납니다.

우리는 이 세상에 아무리 좋은 것이 많이 있어도 하나님이 주시지 않은 것은 가져서는 안 됩니다. 우리는 내가 하나님을 믿었기 때문에 가난하고 집이 없고 여러 가지로 어려운 것을 부끄러워해서는 안 됩니다. 예수님은 우리에게 "무엇을 먹을까 무엇을 마실까…무엇을 입을까 염려하지 말라"(마 6:25)라고 하셨습니다. 그러면 우리는 실제로 염려하지 말고 하나님께서 채워 주실 것을 믿어야 합니다.

신앙은 하나님을 사랑하는 것입니다. 신앙은 하나님의 존재를 믿거나 인정하는 것 이상입니다. 신앙은 우리가 하나님과 연애하는 것입니다. 만약 우리가 하나님을 바로 알기만 한다면 하나님을 사랑하지 않을 수 없을 것입니다. 왜냐하면 하나님보다 더 멋있고 하나님보다 더 놀라운 분은 없기 때문입니다.

하나님을 사랑하는 사람과 다른 것을 사랑하는 사람은 큰 차이가 있습니다. 하나님을 사랑하는 사람은 생기가 있습니다. 그는 살아 있습니다. 그에게는 기쁨이 충만하고 무엇인가 그 속에서 살아서 움직이는 것이 있습니다. 성경 그대로 사는 힘이 그에게 있는 것을 볼 수 있습니다.

그러나 다른 것을 사랑하는 사람은 진실하지 않고 깨끗하지 않고 음흉합니다. 그리고 세상을 사랑하는 자는 신앙이 시들고 생명력이 없습니다. 즉 말은 요란하게 하는데 그 안에 진실이 없는 것입니다.

하나님께서는 믿는 자들이 하나님께 대하여 열심을 내지 않고 세상이 주는 명예나 즐거움을 탐닉할 때 분노를 느끼십니다.

우리는 하나님에 대해서는 질투하듯이 믿어야 합니다. 다른 사람이 나보다 하나님을 더 사랑하는 것에 대하여 질투하는 마음을 가져야 합니다. 마치 목마른 사슴이 시냇물을 사모하듯이 헐떡이면서 하나님의 말씀을 들이켜야 합니다. 다른 사람이 나보다 하나님의 진리를 더 많이 발견하고 나보다 더 성령에 충만한 것에 대하여 견딜 수 없는 질투심을 가져야 합니다. 그리고 다른 사람이 나보다 더 겸손하고 나보다 더 열심히 기도하는 것에 질투심을 느껴야 합니다.

우리는 세상일에 대해서는 성실한 자세로 하면 됩니다. 특히 하나님께서 그만두라고 하시면 얼마든지 그만둘 수 있다는 자세로 하루하루 성실하게 일을 하면 성공할 것입니다. 그리스도인들이 세상에서 실패하는 이유는 세상일을 너무 잘 하려고 해서 두려워하기 때문입니다. 그러므로 우리는 세상일을 너무 두려워하지 말아야 합니다. 성실하게 차근차근하게 하다 보면 세상일들도 다 잘 할 수 있을 것입니다.

우리가 세상을 사랑하면 하나님과 원수가 됩니다. 그렇게 되면 하나님께서 우리를 미워하실 것입니다.

> "너희는 하나님이 우리 속에 거하게 하신 성령이 시기하기까지 사모한다 하신 말씀을 헛된 줄로 생각하느냐"_약 4:5

믿는 자들의 마음속에는 성령이 계시는데 성령께서는 우리가 세상의 마음을 품을 때 시기하십니다. "시기하기까지 사모한다"라고 하신 것입니다. 여기서 '사모한다'는 것은 아주 강하게 욕망하는 것을 말합니다.

성령께서는 우리가 세상을 사랑할 때 절대로 우리를 그냥 두지 않으십니다. 즉 우리 안에 갈등이 생기게 하고 기쁨이 없어지게 해서 녹초가 되게 만드시는 것입니다. 우리가 세상 욕심을 가지면 기쁨이 없어지고 힘이 없어집니다. 그럼에도 끝까지 세상 욕심을 버리지 않으면 우리 몸을 쳐서라도 결국 굴복시키십니다. 하나님은 우리의 건강을 치기도 하시고, 재산을 빼앗아 가기도 하시고, 때로는 이 세상에서 망하게 하기도 하십니다.

우리가 미리 고난과 연단을 받아서 겸손한 것이 얼마나 귀한 축복인지 모릅니다. 그리고 자족하고 감사하면 하나님께서 우리에게 더 풍성하게 주실 것입니다. 오늘 우리에게 무한한 축복의 문이 열려 있습니다. 다른 사람들은 상관하지 말고 모두 하나님 앞에 부르짖음으로 큰 응답을 받는 여러분이 되시기를 바랍니다.

실천 12

Practicing Christian

능력의 노하우

| 약 4:6-10 |

요즘 우리나라의 여자 골퍼들이 세계적인 대회에서 맹활약을 하고 있습니다. 그것도 한 명이 아니라 여러 명이 번갈아 가면서 우승을 하는 것을 보면 정말 대단하다는 생각을 하게 됩니다.

오늘 우리 시대는 실력의 시대입니다. 실력이 있는 사람은 인기를 끌고 돈도 많이 벌고 성공하지만 실력이 없는 사람은 별 볼 일 없이 살아야 하는 시대인 것입니다. 그런 점에서 보면 우리가 신앙생활을 열심히 하는 것이 이 세상에서 성공하는 것과는 아무 상관이 없는 것처럼 보입니다. 즉 예배를 드리는 시간에 도서관에서 공부를 하고 운동장에서 열심히 운동을 해서 실력을 갈고 닦는 것이 성공하는 비결이 아닐까 하는 생각이 드는 것입니다.

그런데 성경을 보면 이 세상의 성공과는 또 다른 능력이 있습니다. 베드로와 요한은 가진 것이 별로 없었습니다. 그런데 그들이 기도 시간이 되어 성전에 올라갈 때에 성전 문 곁에 앉아 있던 한 장애인이 돈을 달라고 구걸하였습니다. 이때 이 두 사람은 이 장애인에게 "우리를 보라"라고 하면서 "은과 금은 내게 없거니와 내게 있는 이것을 네게 주노니 나사렛 예수 그리스도의 이름으로 일어나 걸으라"(행 3:6)라고 했습니다. 그때 태어나서 한 번도 일어서 본 적이 없는 이 장애인이 벌떡 일어서서 걷기도 하고 뛰기도 하며 하나님을 찬양했습니다. 그때 성전에 예배드리러 왔던 모든 사람들이 이 사실을 보고 크게 놀라고 이상하게 여겼습니다. 이것은 돈이나 권력으로는 할 수 없는 일이었습니다.

다니엘서에 보면 당시 세계 최고의 권력자였던 바벨론의 느부갓네살 왕이 신하들을 다 모아 놓고 자기가 만든 금 신상에 절하라고 하면서 절하지 않으면 맹렬히 타는 용광로에 집어넣겠다고 합니다. 이때 다니엘의 세 친구 사드락과 메삭과 아벳느고는 왕의 금 신상에 절을 하지 않았다는 이유로 용광로에 산 채로 던져졌는데 살아서 나왔습니다. 이것은 돈으로도 안 되고, 권력으로도 안 되고, 수학을 푸는 실력으로도 안 되고 오직 하나님의 능력으로 되는 것입니다.

사도 바울과 실라는 빌립보에서 사람들에게 복음을 전하다가 점을 치는 귀신 들린 여종을 만나 그 여종에게서 귀신을 쫓아냈는데 그 바람에 그 여종은 점을 칠 수 없게 되었습니다. 그 여종의 주인들은 자기의 돈벌이가 끊어진 것을 보고 화가 나서 바울과 실라를 관청에 고발했습니다. 바울과 실라는 엄청나게 채찍에 맞고 손발이 쇠사슬에 묶인 채로 깊은 감옥에 갇혔습니다. 그러나 그들은 그곳에서도 하나님을 찬송하고 기도했습니다. 그때 갑자기 지진이 일어나면서 옥문이 열리고 손과 발을 묶었던 쇠사슬이 풀어졌습니다. 그래서 감옥의 간수는 죄수들이 모두 달아난 줄로 알고 칼을 빼서 자결하려고 하였습니다. 그런데 이때 바울이 간수에게 우리가 다 여기에 있으니 스스로 몸을 해치지 말라고 합니다. 간수는 벌벌 떨면서 등불을 들고 뛰어 들어가 바울과 실라 앞에 엎드려 내가 어떻게 해야 구원을 얻겠느냐고 물었습니다. 이에 사도 바울이 "주 예수를 믿으라 그리하면 너와 네 집이 구원을 받으리라"(행 16:31)라고 했습니다. 이 능력은 칼이나 권력이나 돈으로는 행할 수 없는 하나님의 능력인 것입니다.

여기서 우리는 우리 한 사람 한 사람이 가지고 있는 능력도 대단하지만 우리 인간의 능력은 하나님이 가지신 능력의 백만분의 일이나 천만분의 일도 안 된다는 것을 알 수 있습니다. 그러므로 오늘날 진짜 성공하는 사람은 자기의 능력을 극대화시켜서 사람들에게 인정을 받는 사람이 아니라 하나님의 능력을 사용할 수 있는 사람인 것입니다.

만약 우리가 모세나 엘리야 같은 능력을 행할 수 있다면 이 세상에서 능력 있는 삶을 살 수 있을 것입니다. 감히 나에게 트집을 잡고 함부로 행동하는 사람이 있다면 그 앞에서 지팡이를 던져 뱀이 되게 하거나 물컵을 던져 피가 되게 하면 신이 날 것입니다. 그런데 우리는 모세나 엘리야가 가졌던 능력은 탐내면서 그들이 받았던 연단은 받지 않으려고 합니다. 그러나 우리가 모세나 엘리야 같은 능력의 사람이 되려면 그들이 받았던 연단을 받아야 하는 것입니다.

본문은 우리가 하나님의 능력을 받는 비결을 말씀하고 있습니다. 우리가 모세같이 능력 있고 엘리야같이 능력이 있으려면 오늘 말씀을 기초로 해서 자신을 훈련시켜 나가야 합니다. 그렇지 않고 본문이 말씀하는 자세를 배우지 못하면 하나님의 능력을 받을 생각을 하지 말아야 하는 것입니다. 우리는 이 말씀을 기초로 해서 자신의 신앙을 발전시켜 나갈 때 틀림없이 능력 있는 크리스천이 될 수 있을 것입니다.

1. 능력을 받는 자세

우리가 이 세상에서 성공하려면 내 힘만으로는 부족합니다. 그러나 만일 우리가 하나님의 능력을 내 능력으로 가져올 수만 있다면 우리는 걱정할 것이 없을 것입니다. 그런데 우리가 하나님의 능력을 받는 데 있어서 가장 어려운 것이 우리의 마음이 하나님의 능력을 받는 데 합당한 마음으로 준비되어야 하는 것입니다. 즉 우리의 마음이 하나님께 합당한 마음으로 준비되어 있지 않으면 하나님께서 절대로 능력을 주지도 않으시고, 능력을 주신다 하더라도 일회용밖에 되지 못합니다. 이런 사람은 주인공 흉내만 내다가 무대에서 쫓겨 내려가는 엑스트라 인생을 살고 있는 것입니다.

본문은 하나님께서 축복을 부어 주시는 가장 아름다운 마음에 대하여 말씀하고 있습니다. 그 마음은 바로 가장 낮은 마음이고, 가장 겸손한 마음입니다.

> "그러나 더욱 큰 은혜를 주시나니 그러므로 일렀으되 하나님이 교만한 자를 물리치시고 겸손한 자에게 은혜를 주신다 하였느니라"_약 4:6

하나님께서 가장 좋아하시고 가장 축복하시는 마음은 하나님 앞에서 가난하고 겸손한 마음입니다. 그래서 하나님께서는 교만한 자를 물리치시고 겸손한 자에게 은혜를 주신다고 했습니다. 그런데 우리가 세상에서 교만한 자를 보면 교만할 만한 이유가 있습니다. 즉 그들은 똑똑하고, 인물도 잘생겼고, 세상적으로도 명성이 있기 때문에 잘난 체하는 것입니다. 그런데 사실 우리도 그렇게 되고 싶은데 형편이 안 되어서 그렇지 높아지고 싶지 않은 사람은 없을 것입니다. 그래서 모든 사람들은 하나님의 축복에 부적합합니다. 그런데 하나님은 일부 사람들을 택하셔서 낮아지게 하시고 하나님의 겸손을 배우게 하셔서 능력을 받게 하십니다.

그래서 만약 우리가 여러 가지 환난과 고통 가운데서 겸손할 수 있다면 그때부터는 하나님의 어마어마한 능력과 축복을 받을 수 있습니다. 그러나 우리 인간에게 가장 어려운 것이 하나님 앞에서 겸손한 자가 되는 것입니다.

우리는 주위에서 자기 스스로 겸손하다고 생각하는 사람들을 많이 볼 수 있습니다. 그러나 그런 사람들을 테스트해 보면 금방 그의 겸손이 가장된 겸손인 것이 드러납니다. 예를 들어 그의 말을 무시한다든지 그를 알아주지 않으면 금방 화를 내면서 본색이 나오는 것입니다.

우리는 공부를 잘하거나 사업에 성공하면 대단한 사람으로 인정을 받습니다. 그런데 하나님 앞에서는 이 모든 것이 전혀 소용이 없습니다. 우리가 높은 산에 가서 실종되거나 바다 한가운데에서 배가 표류하면 공부를 잘 하거나 돈을 많이 번 것은 아무 소용이 없습니다. 그때 우리는 우리 인간이 얼마나 미약하며, 생존하는 것이 얼마나 어려운 일인지 알게 됩니다. 그때는 돈도 필요 없고, 세상에서 알아주는 재주나 능력도 아무 소용이 없습니다. 오직 하나님이 살려 주시면 사는 것이고 하나님이 죽게 하시면 죽을 수밖에 없는 것입니다. 다시 말해서 이 세상의 성공은 우리를 착각하게 만들고 우리로

하여금 자기 자신에게 도취하게 만들어서 자신을 보지 못하게 하는 것입니다. 그러나 자연 한가운데에 가 보면 얼마나 자연이 거대하며 그 가운데 인간이 얼마나 보잘것이 없는지 알게 됩니다.

그래서 하나님이 가장 싫어하는 사람은 교만한 마음을 가진 자입니다. 이 사람은 자기가 가지고 있는 능력에 만족하는 자이고, 이것을 자랑하는 자이며, 이것으로 모든 것을 할 수 있다고 생각하는 사람인 것입니다. 그는 세상이라는 좁은 울타리 안에서 자기의 지식이나 성공에 만족하고 자랑합니다. 그러나 하나님은 그런 사람을 가소롭게 생각하시고 그들이 자신을 믿는 것을 비웃고 계십니다.

"하늘에 계신 이가 웃으심이여 주께서 그들을 비웃으시리로다"_시 2:4

우리는 자신의 힘으로 하나님을 체험할 수 없습니다. 우리는 하나님께서 고난을 주실 때에야 비로소 자기 자신이 하나님 앞에 개미와 벌레 같은 하찮은 존재인 것을 깨닫게 됩니다. 하나님은 이런 사람을 좋아하십니다.

우리는 우리의 신앙에 언제나 '그러나'가 있다는 사실을 알아야 합니다. 본문에도 "그러나 더욱 큰 은혜를 주시나니"라고 말씀하고 있습니다. 우리가 하나님을 알기 위해서 이 세상에서 철저하게 실패하고 바보가 되고 어리석은 자가 되지만 우리에게는 '그러나'가 있는 것입니다. 즉 하나님께서 그런 자에게 하나님의 은혜를 주시는데 하나님의 능력을 무한정으로 주시는 것입니다. 그래서 우리가 이 세상에서 진정으로 능력 있는 자가 되려면 한 번은 '그러나'를 겪어 보아야 합니다.

모세는 이 '그러나'를 겪기 위해서 애굽 사람을 죽이고 무려 40년 동안 도망자 생활을 해야만 했습니다. 모세는 자기를 알아주는 사람이 한 명도 없는 광야에서 낮아지고 또 낮아지는 과정 중에 결국 '그러나'의 비밀을 깨닫게 되었습니다. 엘리야는 이스라엘 백성을 하나님께 돌아오게 하기 위해서 무려 3년 반 동안 비가 오지 않는 가운데 까마귀가 날라다 주는 떡을 먹어야 했고, 이방 과부의 집에 얹혀 살아야만 했습니다. 다윗은 이스라엘의 왕이 되기 전에 수년 동안 사울 왕에게 쫓겨다니면서 고생을 해야만 했습니다. 그러고 나서야 다윗은 '그러나'의 축복을 알게 되었습니다.

하나님께서는 수천 년에 걸쳐서 겸손한 자들을 찾으셨습니다. 하나님은 겸손한 자를 찾기만 하면 그에게 모든 축복을 다 부어 주시고 하셨지만 어느 곳에서도 겸손한 자를 만날 수 없었습니다. 어른은 어른대로, 아이들은 아이들대로, 부자는 부자대로, 가난한 자는 가난한 자 나름대로 다 교만하고 자기 생각에 빠져 있었습니다. 그래서 하나님께서는 겸손한 자들을 만들어 내셨습니다. 먼저 그리스도의 피로 우리를 사시고, 우리로 하여금 연단을 통해서 낮아지게 하시고, 성령을 통해서 진심으로 겸손한 자가 되게 하셨습니다. 이렇게 겸손한 자가 되기만 하면 그때부터는 하나님의 능력이 무제한으로 공급되는 것입니다.

2. 마귀와 죄는 거부하라

요즘 우리 시대를 보면 무엇이 옳고 무엇이 그른지 분명하지 않을 때가 많습니다. 오늘 사람들은 오히려 옳고 그른 것이 분명한 것보다 애매하고 불투명한 것을 더 선호합니다. 그러나 우리가 하나님의 도우심을 받으려면 진리에 있어서 분명해야 하고, 죄와 마귀는 분명하게 거절해야 합니다.

우리가 이 세상을 살다 보면 이 세상의 많은 문제가 누가 주인이냐 하는 문제로 귀결될 때가 많은 것을 볼 수 있습니다. 즉 이 세상은 하나님이 만드셨으므로 하나님이 주인이라는 사람들이 있는 반면에 하나님은 없기 때문에 인간이 주인이거나 마귀가 주인이라고 하는 사람들이 있는 것입니다.

사람들이 젊었을 때에는 종종 자기의 영혼이나 양심을 팔아서라도 성공하고 싶은 유혹에 빠집니다. 그래서 괴테가 쓴 『파우스트』를 보면 늙어서 별 볼 일 없는 학자 파우스트가 메피스토텔레스에게 자신의 영혼을 저당 잡히고 젊어집니다. 그 같은 현상은 소설뿐만이 아니라 현실 세계에서도 볼 수 있습니다. 요즘 젊은이들이나 노인들 중에 양심을 팔아서 성공하는 사람들이 많이 있는 것입니다. 특히 요즘 정치를 하는 분들은 영혼을 팔아 가면서 정치를 합니다. 아마 학문의 세계도 마찬가지일 것입니다. 즉 사람들은 이 세상은 마귀가 꽉 잡고 있고 인간들이 꽉 잡고 있기 때문에 영혼을 팔아야 성공할 수 있고 양심을 팔아야 성공할 수 있다고 생각하는 것입니다. 심지어 마귀는 예수님이 세상에 오셨을 때 하나님의 아들을 유혹해서 돌로 떡을 만들어 먹으라고 하고, 높은 데서 뛰어내리라고 충동질을 했던 것입니다. 그러나 이 세상의 주인은 마귀도 아니고 인간도 아닙니다. 하나님이 주인인 것입니다.

"그런즉 너희는 하나님께 복종할지어다 마귀를 대적하라 그리하면 너희를 피하리라"_약 4:7

사람들에게는 종교의 자유가 있기 때문에 누구를 믿을 것인지 선택을 할 수 있습니다. 사람들은 얼마든지 하나님을 무시할 수 있고, 하나님을 외면할 수도 있습니다. 오히려 사람들은 하나님을 거부하고 세상을 따라갈 때 더 유명해지고 성공하고 많은 사람들의 인정과 지지를 얻습니다. 그런데 우리가 살 수 있는 길은 단 하나, 하나님께 복종하는 길입니다.

사람들은 하나님께 복종하는 것이 인간의 자유를 제한하는 것이고, 답답한 것이라고 생각합니다. 사람들은 자기 하고 싶은 대로 하는 것을 더 똑똑하고 유능한 것으로 생각하는 것입니다. 그러나 그것은 마귀의 주장입니다.

우리는 일단 이 세상에서 배울 것도 많고 가져야 할 것도 많은 것 같습니다. 그러나 크게 보면 둘 중의 하나입니다. 그 하나는 하나님께 복종할 것인가, 아니면 세상을 따라가며 마귀의 말을 들을 것인가 하는 것입니다. 하나님이 이 세상을 만드셨고 우리에게 생명을 주셨다면 우리는 하나님께서 우리로 하여금 이 세상에서 얼마든지 아름답게 살게 하실 것을 믿어야 합니다. 그러나 마귀는 우리 인간을 많은 우상에 빠지게 만듭니다. 즉 마귀는 인간들을 학벌이라는 우상에 빠지게 하고, 외모라는 우상에 빠지게 하고, 성공이라는 우상에 빠지게 해서 우리가 하나님을 믿는 것만으로는 부족하고 더 잘해야 하고, 더 똑똑해야 하고, 더 유능해야 한다고 충동질을 하는 것입니다.

일단 마귀의 목적은 우리로 하여금 하나님의 말씀을 전적으로 믿지 못하게 하는 것입니다. 즉 마귀는 하나님의 말씀은 케케묵은 책이기 때문에 우리는 세상에서 많은 것을 배워야 성공할 수 있다고 가르칩니다. 그러나 우리에게 성경이 절대적으로 중요한 책이 되지 않으면 우리에게 하나님의 진액이 끊어지고 세상의 진액이 들어옵니다. 그러면 우리에게는 부흥이 일어나지 않거나 가짜 부흥이 일어나는 것입니다.

마귀는 우리로 하여금 쉽게 죄를 짓도록 충동질합니다. 마귀는 죄가 너무 아름답고 낭만적인 것처럼 우리를 속입니다. 그리고 몰래 죄를 지으면 다른 사람이 절대로 모를 것이라고 속입니다. 그러나 모든 죄는 탄로 나게 되어 있습니다. 그리고 죄를 짓는 그 순간 모든 존경과 신뢰와 명성을 다 잃어버리고 죄의 종이 됩니다. 그래서 하나님은 말씀으로 미리 죄의 삯은 사망이라는 것을 알게 하셨습니다. 세상 사람들은 죄의 삯이 무엇이고 죄의 결과가 무엇인지 모르기 때문에 용감하게 죄를 짓는데 그 결과는 모두 사망인 것입니다. 그래서 요즘은 성공하는 것보다 더 어려운 것이 죄를 짓지 않는 것입니다. 우리는 죄에만 빠지지 않아도 크게 성공한 것입니다. 왜냐하면 죄를 지은 사람들은 모두 죄의 종이 되기 때문입니다. 우리가 죄에 빠지지 않는 것은 캄캄한 밤에 수많은 구렁텅이가 있는 길을 걸어갈 때에 구렁텅이에 빠지지 않는 것과 같습니다. 주님의 말씀이 내 발에 빛이 되고 등이 되기 때문에 우리는 빠지지 않는 것입니다. 우리는 죄에 빠지지 않는 것이 큰 성공이라는 것을 아시기 바랍니다.

우리가 어려운 시험에 빠졌을 때 마귀에게서 벗어나는 방법은 하나님께 기도하면서 울부짖는 것입니다. 우리가 울부짖을 때 마귀는 우리가 자기보다 더 미쳤다고 생각해서 포기합니다. 삼손이 들릴라의 손에 빠졌을 때 들릴라의 머리통을 붙들고 울부짖었다면 들릴라는 삼손이 미쳤다고 생각해서 돈도 포기하고 삼손도 포기했을 것입니다.

또 마귀는 이 세상의 영광을 보여 주면서 우리가 하나님을 믿으면 이 세상의 좋은 것을 모두 놓칠 것이라고 속입니다. 그러나 우리는 우리 믿는 자들의 길은 이 세상 사람들의 길과 완전히 다르다는 것을 믿어야 합니다. 세상 사람들은 이 세상에 있는 것을 다 가질 수 있을지 몰라도 우리는 하나님이 주신 것만 가져야 합니다. 우리의 복은 따로 예비되어 있습니다.

본문에 마귀를 대적하라고 한 것은 사람과 다투거나 싸우라는 의미가 아닙니다. 우리가 마귀를 대적하는 방법은 하나님의 말씀을 계속 선포하는 것입니다. 하나님의 말씀을 선포할 때 마귀는 결박되고, 하나님을 찬송할 때 마귀의 세력은 달아나게 됩니다. 그리고 옳지 않은 것은 아니라고 분명히 이야기해 주어야 합니다. 싫은 것은 싫다고 해야 하고, 화를 낼 때는 화를 내야 합니다. 그래야 마귀는 우리가 만만치 않다는 것을 깨닫고 비실비실 뒷걸음질을 칩니다. 예수님은 십자가를 막는 베드로에게도 "사탄아! 내 뒤로 물러가라!"라고 책망하셨습니다. 예수님은 온유하고 겸손하셨지만 사탄의 유혹에 대해서는 인정사정이 없으셨습니다.

3. 하나님을 가까이하라

우리 예수 믿는 사람들의 가장 큰 축복은 세상에서 성공한 것이 아니라 하나님 앞에서 힘없고 티 없는 순결한 모습입니다. 그러므로 누군가가 나의 위치가 어디냐고 묻는다면 세상 가운데서의 내 모습을 말할 것이 아니라 하나님 앞에서 예배드리고 기도하는 모습이 내 원래의 모습이라고 대답해야 합니다. 옛날에 대가족이 한 집에 살았을 때에는 자식들은 온종일 농사를 짓고 가축을 돌보았고, 여자들은 음식을 만들었습니다. 그러다가 저녁이 되면 모두 아버지 앞에 모여서 함께 하나님께 감사기도를 드리고 식사를 했습니다. 자식들은 반드시 그 자리에 있어야 했습니다. 그리고 낮에 일을 하느라고 손에 흙이묻었거나 가축의 배설물을 치우느라 손이 더러워졌으면 손을 씻고 깨끗한 옷으로 갈아입고 아버지 앞에 모여야 했습니다. 마찬가지로 옛날에 신하들은 아침에 왕 앞에 모여야 했습니다. 그 중에는 장수도 있고, 문관도 있고, 또 법으로 다스리거나 혹은 백성의 농사나 여러 가지 일을 감독하는 관리들도 있지만 모두 손을 씻고 깨끗한 옷을 입고 왕 앞에 모여야 하는 것입니다.

"하나님을 가까이하라 그리하면 너희를 가까이하시리라 죄인들아 손을 깨끗이 하라 두 마음을 품은 자들아 마음을 성결하게 하라"_약 4:8

우리가 하나님을 가까이하는 것은 예배로 하나님 앞에 나아가는 것입니다. 우리가 하나님께 조금 가까이하면 어떤 일이 일어날까요? 이때 하나님께서는 그것보다 더 우리에게 가까이 오십니다. 하나님은 우리가 하나님 앞에서 완전하게 되어야 비로소 복을 주시는 분이 아닙니다. 우리가 한 걸음 한 걸음 진실한 마음으로 하나님을 가까이할 때 하나님은 우리에게 백 걸음 다가오시는 것입니다. 그러나 우리는 세상에서의 그 더러운 행실들을 가지고 하나님 앞에 나오면 안 됩니다. 우리는 손을 씻고 마음을 깨끗하게 해서 하나님 앞에 나와야 하는 것입니다. 즉 우리는 이 세상에서 생활하던 그대로 분노에 차거나 이익을 따지는 그런 마음으로 하나님께 나와서는 안 되는 것입니다. 그래서 위대한 믿음의 사람들은 하나님 앞에서 함부로 덤벼들지 말라고 말을 했습니다. 즉 세상에서 가지고 있던 열정이나 열심을 가지고 하나님께 덤벼들지 말라는 것입니다. 왜냐하면 하나님은 우리와 생각하는 것이나 일을 하는 것이 다르기 때문입니다. 그래서 우리는 개인적으로 하나님의 뜻을 물어보아야 합니다. 그리고 하나님을 기다려야 합니다.

우리의 모든 복이 하나님의 입에서 나오는 말씀으로 결정이 된다면 우리는 가능한 한 하나님 앞에 나와서 한 말씀이라도 더 들으려고 할 것입니다. 세상 모든 것은 인간의 뜻대로 되는 것 같은데 결국은 하나님의 말씀대로 다 이루어집니다. 우리가 미리 하나님의 말씀을 들으면 안달할 것도 없고 초조해하거나 불안해할 필요도 없을 것입니다. 그래서 세상에서 학식이 많고 많이 가진 분들은 자기도취에 빠지지 않도록 몸부림을 쳐야 합니다.

"슬퍼하며 애통하며 울지어다 너희 웃음을 애통으로, 너희 즐거움을 근심으로 바꿀지어다"_약 4:9

여기에 어떤 사람들이 웃고 즐거워하고 있습니다. 그 이유가 무엇일까요? 그것은 아마도 형편이 많이 나아졌기 때문일 것입니다. 경제적인 형편이 좀 나아졌든지, 아니면 그들을 곤란에 처하게 한 문제가 해결되었기 때문입니다. 아마도 우리에게 집이 없다가 집이 생기면 눈물을 흘리면서 감격할 것입니다. 그리고 차가 없다가 차가 생기면 세상에 더 부러운 것이 없을 정도로 가슴이 뿌듯할 것이며 차를 자랑하고 싶을 것입니다. 또 그렇게 들어가고 싶어 했던 대학이나 직장에 들어가면 너무나도 기분이 좋아지면서 자랑하고 싶을 것입니다. 그러나 이것은 결코 우리가 가져야 할 능력의 본질이 아닙니다. 왜냐하면 우리에게는 하나님이 주실 더 큰 은혜가 있기 때문입니다. 그래서 우리는 이 세상의 성공에 만족하면 진짜 복을 가지지 못하는 바보가 되고 마는 것입니다. 하나님이 우리에게 세상 복을 주시는 것은 더 큰 축복을 사모하라는 초청입니다. 그래서 이 모든 것을 없는 것으로 치고 더 간절히 하나님의 은혜를 사모하고 구해야 우리는 세상의 성공에 빠지지 않게 됩니다.

전에 어떤 분이 어렵게 살다가 이제는 어느 정도 살게 되었습니다. 그래서 고급 아파트로 이사를 했습니다. 그때 그분은 이제 좀 신앙생활을 쉬어야겠다고 말을 했습니다. 돈도 벌고 집도 사느라고 너무 피곤하기 때문에 신앙생활을 좀 쉬고 세상 재미를 좀 누려야겠다는 것입니다. 그러나 그 사람은 더 큰 은혜를 놓치고 있는 것입니다. 우리는 더 큰 은혜를 얻기까지 결코 자만해서는 안 됩니다. 우리는 하나님의 은혜를 사모하는 데 있어서는 결코 만족해서는 안 됩니다.

그토록 놀랍게 사용되었던 종들이 하나님 앞에서는 늘 울고 애통하면서 스스로를 쓸모없는 종으로 생각했습니다. 그 이유는 하나님의 은혜는 엄청난데 우리의 믿음은 너무나도 적기 때문입니다.

더 큰 은혜를 받는 비결은 끝없는 겸손입니다. 그리고 하나님의 진리에 대한 간절한 마음입니다. 우리는 모두 이런 마음을 가지고 더 큰 능력을 받는 성도들이 다 되시기 바랍니다.

실천 13

Practicing Christian

현실을 직시하기

| 약 4:11-17 |

얼마 전 신문을 보니까 우리나라의 어떤 청년이 요트를 타고 무동력, 무항구로 세계 일주를 하는 데 성공했다는 기사가 실려 있었습니다. 사람이 엔진 없이 돛만 달고 세계를 한 바퀴 돈다는 것은 엄청난 도전입니다. 바닷가에 가면 가끔 요트 경기를 하는 것을 볼 수 있는데 선수들은 오른쪽과 왼쪽을 부지런히 왔다 갔다 하면서 균형을 잡아 배가 뒤집어지지 않게 합니다. 사람이 배를 타고 바다를 항해하는 것은 사실 엄청난 모험입니다. 특히 밤에 항해를 할 때에는 전혀 앞이 보이지 않을뿐더러 안개가 잔뜩 끼어 있을 때도 앞에 배가 있는지 암초가 있는지 보이지 않습니다. 만약 이때 자기 기분만 믿고 속력을 내서 달리다가는 배가 암초에 부딪혀서 침몰하고 말 것입니다.

우리가 이 세상을 살아가는 것은 마치 목적지를 향하여 거대한 바다를 항해하는 것과 같습니다. 그런데 우리가 가는 이 인생 항로에는 수많은 암초와 장애물들이 있습니다. 이때 우리가 자기 기분만 믿고 과도하게 배를 몰면 반드시 암초에 부딪혀서 배가 파선합니다. 암초가 많고 기뢰가 많이 부설된 바다를 항해하려면 특히 조심을 해야 하는데 배를 너무 한쪽으로 치우쳐서 몰면 반대쪽에 부딪혀서 배가 침몰하는 것입니다. 그래서 이런 어려운 지역을 통과하려면 고도의 기술을 가진 항해사나 선장이 필요합니다.

우리나라는 지금까지 수많은 암초가 있는 거친 바다를 항해해 왔습니다. 어떤 때는 군사 독재가 있었고, 어떤 때는 IMF라는 위기도 있었으며, 어떤 때는 좌경 정권이 우리나라를 통치하기도 했습니다. 그런데 이 모든 과정을 지나고 보면 그때그때마다 누군가 아주 뛰어난 항해사가 우리나라를 조종한 것 같은 생각을 가지게 됩니다. 즉 어떤 때는 이런 사람이 필요했고, 어떤 때는 저런 사람이 필요했는데 우리나라는 기가 막히게 위기를 피해서 오늘까지 온 것입니다. 이 사실을 우리는 인정해야 합니다. 즉 어떤 뛰어난 항해사가 우리의 인생과 우리나라의 운명을 운전한 것입니다.

그런데 우리 하나님의 백성에게는 이 세상에 있는 암초와 장애물뿐만 아니라 우리 자신이 조심해야 하는 암초들도 있습니다. 즉 우리 안에 두 가지 극단적인 경향이 있을 수 있는데 하나는 지나친 이상주의이고, 다른 하나는 지나친 세속주의인 것입니다. 하나님의 백성은 지나치게 이상적일 때가 많습니다. 무조건 기도하기만 하면 하나님께서 우리의 기도를 다 들어주시고 축복해 주시기 때문에 돈을 가질 필요가 없으므로 모든 것을 남들에게 다 주고 깨끗하게 살아야 한다는 것입니다. 그러나 이런 지나친 이상주의자에게는 마음에 맞는 사람이 한 명도 없습니다. 사람들이 모두 아프리카에 가서 죽지 않는 이상 그 사람은 다른 사람들의 신앙을 인정하지 않는 것입니다. 거기에 비해서 지나친 세속주의는 이 세상의 축복에 빠져 허우적거리면서 헤어 나오지 못하고 있는 것입니다. 이로 인해 오늘 한국 교회의 많은 목회자나 교인들이 방향을 잃고 헤매고 있습니다.

본문은 거친 파도가 몰아치는 이 세상에서 어떻게 하면 암초에 부딪히거나 극단으로 흐르지 않고 안전하게 목적지에 갈 수 있는지 가르쳐 주고 있습니다. 아마 이 본문 말씀을 제대로 들은 분들은 암초에 부딪히지 않을 것입니다.

1. 이상주의의 함정

그리스도인이라면 한 번쯤은 요셉이나 다윗 그리고 사도 바울처럼 되고 싶다고 생각해 본 적이 있을 것입니다. 즉 믿음 때문에 가난하고 고생을 하지만 어느 순간 하나님이 복을 주시면 이 세상에서 유명한 기업가가 되고, 정치인이 되고, 목회자가 되는 꿈을 가지는 것입니다. 이런 것을 신데렐라리즘이라고 합니다. 즉 신데렐라가 계모 밑에서 온갖 구박을 받으면서 고생을 하지만 어느 날 마술사를 만나 유리 구두를 신고 왕자님의 파티에 참석했다가 왕자님과 결혼을 하는 것입니다. 요셉이 노예로 팔리고 감옥에도 있었지만 바로의 꿈을 해석하는 바람에 애굽의 총리가 된 것처럼 나에게도 그런 축복이 올 것이라고 믿는 것입니다.

물론 우리가 꿈을 가지는 것은 좋은 것이고, 우리는 언제나 마음속에 꿈을 가지고 살아야 합니다. 그런데 우리가 이렇게 신데렐라처럼 되기를 꿈꿀 때 두 가지 부작용이 있을 수 있습니다. 그 하나는 아무

것도 하지 않고 꿈만 가지고 있으면 모든 것이 저절로 되리라고 생각하는 것입니다. 이것은 마치 감나무 밑에서 입만 벌리고 있으면 입 안에 감이 떨어질 것이라고 믿는 것과 같습니다. 그러나 하나님은 아무 노력도 하지 않고 전혀 준비도 되어 있지 않은 자들에게 유리 구두를 신겨 주시지는 않습니다. 적어도 하나님의 축복의 사람이 되려면 세상 사람들이 하는 훈련을 다 받고, 또 하나님의 백성으로 받는 믿음의 훈련을 다 받아야 합니다. 사람들은 우리가 외적으로 받은 복만 보고 대단하다고 생각하지만 사실은 그 마음속에 이미 수십 배 수백 배 되는 은혜를 받은 결과가 세상의 복으로 나타나는 것입니다. 그래서 믿음의 복은 받지 않고 신데렐라가 된다는 것은 공상인 것입니다.

우리가 현실을 현실로 인정하지 않으면 공상 속에서 얼마든지 행복할 수 있습니다. 그러나 다른 사람들이 보기에 그는 황당무계한 사람이고, 믿을 수 없는 사람이고, 과대망상증 환자로 보이는 것입니다. 더욱이 우리가 현실을 인정하지 않으면 하나님도 우리를 돕지 않으십니다. 고통스럽지만 우리가 현실 속에서 내 모습을 인정하고 받아들일 때 하나님은 일하기 시작하시는 것입니다.

2. 비판적인 정신

우리 예수 믿는 사람들은 완전을 지향하는 사람들이라고 볼 수 있습니다. 우리는 예수 믿기 전에는 아무것도 모르고 정신없이 방황하면서 살았습니다. 그러나 예수를 믿고 난 후에는 참된 것을 알게 되었고, 옳고 그른 것을 알게 되었습니다. 우리가 그 눈으로 이 세상을 보니까 이 세상은 너무나도 썩었고 주위에 있는 사람들도 옳지 않은 삶을 살아가고 있는 것입니다. 이때 우리는 지나치게 이상적이 되어서 현실을 부정하고 모든 사람들을 비판할 수가 있습니다.

어떤 형제와 자매는 예수님의 산상설교를 배운 후에 반드시 예수님의 말씀대로 살겠노라고 다짐했습니다. 그래서 누군가가 오른 뺨을 때리면 왼편 뺨을 돌려대고, 누군가가 겉옷을 달라고 하면 속옷까지 벗어 주었습니다. 그런데 그렇게 한 결과 사람들은 조금도 변하지 않고 자기들만 미친 사람 취급을 당하고 다른 사람들에게 실컷 이용만 당한 것입니다. 그 이유가 무엇입니까? 그들은 사람을 고치고 부패를 바로잡는 것이 얼마나 어려운 일인지 몰랐던 것입니다.

"형제들아 서로 비방하지 말라 형제를 비방하는 자나 형제를 판단하는 자는 곧 율법을 비방하고 율법을 판단하는 것이라 네가 만일 율법을 판단하면 율법의 준행자가 아니요 재판관이로다"_약 4:11

우리가 처음에 하나님의 은혜를 받고 열심이 뜨거울 때에는 하나님의 말씀에 맞지 않는 것을 보면 모든 것을 비판하게 됩니다. 그런데 그때 자기 자신을 냉철하게 돌아보면 '왜 다른 사람들은 나같이 이렇게 의롭게 믿지 못하는가?' 하고 생각하게 됩니다. 그런데 우리가 알아야 할 것은 사람마다 신앙의 성장 속도가 다르고 수준이 다르다는 것입니다. 그러므로 나의 신앙의 잣대로 다른 사람을 비판하는 것은 다른 사람을 나에게 억지로 맞추는 것이 됩니다.

신약성경의 교훈의 특징은 사람들마다 요구하는 수준이 다르다는 것입니다. 신앙이 어린 사람에게는 아주 작은 수준을 요구합니다. 그러나 신앙이 성숙한 사람에게는 더 많은 것을 요구하고, 더 큰 책임을 요구합니다.

만약 이런 개인차를 다 없애버리고 똑같은 기준에서 평가한다면 아마 새로 믿은 사람은 언제나 판단만 받게 될 것입니다. 그래서 교회에서는 오래 믿은 사람들이 새로 믿은 사람들을 비판하고 판단을 합니다. 그러나 이것은 하나님의 율법이 아닙니다. 율법으로는 처음 믿는 사람은 조금만 잘해도 칭찬을 받지만, 오래 믿은 사람은 그 사람의 몇 배를 해도 칭찬받기가 어려운 것입니다.

마찬가지로 우리는 집에서 작은아이는 조금만 잘해도 칭찬을 하지만 큰아이는 야단을 많이 칩니다. 큰아이는 작은아이보다 몇 년 일찍 태어났기 때문에 그만큼 더 올바르게 행동을 해야 하기 때문입니다. 하나님의 율법이 그렇습니다. 오래 믿은 사람은 더 잘 해야 하고, 더 많은 것을 해야 하는 것입니다.

그런데 우리는 왜 다른 형제를 비난합니까? 그 사람의 행동이 나보다 못하기 때문입니다. 나는 이만큼 잘 하는데 그 사람은 그렇게 하지 못하기 때문입니다. 우리가 그 사람의 수준을 인정하지 않고 그에게 내 수준을 요구하여 그를 비난할 때 그 사람은 스스로 율법을 만드는 것입니다.

때로는 다른 사람이 우리에게 완전한 것을 요구할 때가 있습니다. 그러나 그것은 결코 우리를 사랑하는 것이 아닙니다. 그것은 우리를 자신의 종으로 만들려고 하는 것이고, 우리로 하여금 정신병자가 되게 하는 것입니다. 주님은 우리에게 절대적인 완전을 요구하시지 않습니다. 주님은 내 수준에서 할 수 있는 범위 안에서 최선을 다하라고 말씀하실 뿐입니다.

"비판을 받지 아니하려거든 비판하지 말라 너희가 비판하는 그 비판으로 너희가 비판을 받을 것이요 너희가 헤아리는 그 헤아림으로 너희가 헤아림을 받을 것이니라"_마 7:1-2

예수님께서는 비판하는 사람은 자신도 그대로 비판을 받을 것이라고 말씀하셨습니다. 사람들은 남을 비판할 때에 자기 생각과 자기 수준에 맞추어서 판단을 합니다. 사람들이 비난하는 이야기를 들어 보면 모두 자기 이야기를 하고 있는 것입니다. 결국 '왜 나처럼 하지 못하는 것이냐? 내 마음에 쏙 들게 해 보라. 그러면 잘해 주겠다' 는 것입니다. 그러나 그것은 자기중심적인 사랑에서 나온 잘못된 생각입니다.

그래서 가끔 보면 지나치게 비판적인 분들이 있는데 그런 분들은 비판의 영에 사로잡힌 것입니다. 이분들은 자기가 생각하고 주장하는 것이 옳기 때문에 다른 사람의 부족한 것만 보고 자기가 어떤 처지에 있는지 생각하지 못하는 것입니다. 비판의 영은 성령의 마음이 아닙니다. 성령은 겸손의 영이고, 다른 사람의 허물을 덮어 주는 영이고, 약한 자에게 자신감을 주는 영인 것입니다. 그래서 예수님은 제자들에게 악한 자와 싸워서 이기지 말라고 말씀하셨습니다. 왜냐하면 악한 자를 이기려면 악한 자의 논리를 이겨야 하고, 악한 자를 연구해서 약점을 파고들어야 하는데 그러면 자기 자신이 악한 자와 똑같아지기 때문입니다. 우리 안에는 하나님이 행하신 놀라운 일들이 많은데 악한 자를 이기려고 마음을 강퍅하게 하면 귀한 것을 잃어버리는 것입니다. 더욱이 우리가 이 짧은 인생을 살면서 다른 사람과 논쟁이나 하고 비판만 하면서 허비하기에는 너무나도 아까운 것입니다.

우리가 이 세상에서 제대로 하나님의 일을 할 수 있는 시간은 얼마 되지 않습니다. 우리가 초신자일 때는 몰라서 못 하고, 그 뒤에는 돈을 모아야 하기 때문에 못 하고, 그 뒤에는 야망이나 명예에 시간을 허비하다가 정신을 차리고 보니까 이미 늦어서 다음 세대에 밀리는 것입니다. 우리가 하나님의 일을 할 수 있는 시간은 너무 짧습니다. 그런데 그 아까운 시간을 다른 사람이 한 것을 판단이나 하면서 보내는 것입니다.

> "입법자와 재판관은 오직 한 분이시니 능히 구원하기도 하시며 멸하기도 하시느니라 너는 누구이기에 이웃을 판단하느냐"_약 4:12

신앙의 세계에서는 말씀을 주신 분이나 판단자는 하나님 한 분입니다. 다른 사람들은 판단자가 아닌 것입니다.

하나님께서 우리에게 요구하시는 것은 결코 완전한 것이 아닙니다. 하나님께서는 우리에게 무한정으로 기도하고, 무한정으로 금식하고, 무한정으로 성경을 읽을 것을 요구하지 않으십니다. 하나님께서 우리에게 주신 법은 내 수준에 맞고 기쁨과 감사함으로 하면 충분한 것입니다. 이 점에서 세상이 요구하는 것과 하나님이 요구하시는 것은 근본적으로 다릅니다. 세상에서는 초인적인 것을 요구할 때가 많습니다. 전교에서 일등을 해야 박수를 쳐 주고, 만점을 맞아야 인정해 줍니다. 그리고 운동도 세계에서 최고가 되어야 영웅 취급을 받습니다. 그러나 실제로 그렇게 할 수 있는 사람은 얼마 되지 않습니다. 세상이 우리에게 요구하는 것은 영웅이 되고 천재가 되라는 것입니다. 그러나 이런 영웅이나 천재의 삶은 결코 행복하거나 아름답지 않습니다. 왜냐하면 더 많은 박수를 받으려면 더 초인적인 결과를 나타내야 하고, 한 번이라도 실패하면 그때는 무지막지하게 욕을 먹고 비난을 당하기 때문입니다.

하나님께서 우리에게 요구하시는 것은 우리가 할 수 있는 작은 것을 가지고 아름답게 살고 최선을 다해서 꾸준히 하라는 것입니다. 그러면 그것이 모여서 참으로 놀라운 열매를 나타내기도 하고 기적적인 결과를 가져오기도 하는데, 그것이 모두 하나님께 영광이 되게 하시는 것입니다.

3. 하나님의 뜻이 이끄는 인생

거센 파도가 일렁이는 바다를 항해하려면 파도를 헤쳐 나갈 수 있는 동력이 있어야 합니다. 아무 기술도 없고 재주도 없으면서 꿈만 가지고 덤벼들면 결국 그 자리에서 한 걸음도 앞으로 나아가지 못하는 것입니다. 수영을 잘 하지 못하는 사람이 물에 빠졌을 때 튜브를 앞세워서 밀고 나가면 조금씩 앞으로 갈 수 있습니다. 그러나 그런 수단을 이용하지 않고 혼자 죽어라고 팔을 휘젓고 발짓을 하면 얼마 못 가 가라앉고 말 것입니다. 그래서 우리가 가지고 있는 꿈이나 신앙은 현실적인 것이어야 하고, 현실 속에서 앞으로 나갈 수 있는 힘으로 나타날 수 있어야 합니다.

"들으라 너희 중에 말하기를 오늘이나 내일이나 우리가 어떤 도시에 가서 거기서 일 년을 머물며 장사하여 이익을 보리라 하는 자들아"_ 약 4:13

옛날 로마 시대에는 어떤 사람이 장사를 해서 떼돈을 벌었다는 이야기들이 많이 나돌았습니다. 즉 누가 어떤 물건을 싸게 사서 다른 곳에 가서 팔았는데 큰 부자가 되었다는 것입니다. 물론 그러한 이야기에는 상당한 과장과 비약이 들어 있습니다. 그러나 자기 현실에 만족하지 못한 사람들은 무조건 물건을 들고 다른 도시에 가서 장사를 하면 떼돈을 벌 수 있을 것이라고 생각했던 것입니다.

당시 가난한 교인들은 지금은 이렇게 별 볼 일 없이 살고 있지만 언젠가 하나님께서 크게 축복하시면 바다에 나가서 배를 타고 장사를 해서 큰돈을 벌어 보겠다는 허영을 가지고 있었습니다. 그들은 아무 비전도 없이 사는 것보다 집을 팔고 딸을 팔아 한 밑천 잡아서 큰 장사를 하여 부자가 되어야겠다는 꿈을 가졌던 것 같습니다.

그런데 이 세상에서 장사보다 더 어려운 것이 없습니다. 특히 책이나 읽고 공부나 하는 사람은 아예 장사할 생각을 하지 말아야 합니다. 왜냐하면 장사를 하려면 자존심부터 버려야 하고, 돈이 되는 것을 볼 수 있는 눈을 가지고 있어야 하는 것입니다. 무조건 퇴직금을 털어서 식당을 하거나 가게를 하면 성공할 확률보다는 실패할 확률이 많습니다. 얼마 전에 어떤 경영 컨설턴트가 하는 말을 들었는데 그는 절대로 퇴직금을 가지고 창업하려고 하지 말라고 했습니다. 장사나 식당 일 같은 것은 어렸을 때부터 익혀야지 아무 준비나 노하우가 없이 갑자기 덤벼들었다가는 망한다는 것입니다.

결국 우리는 나의 의욕이나 열심이 아닌 다른 것을 앞세우고 나아가야 앞으로 전진할 수 있습니다. 이스라엘 백성이 가나안 땅에 들어갈 때에도 자기들이 먼저 들어간 것이 아니라 하나님의 궤를 앞세워서 들어갔기 때문에 성공할 수 있었습니다. 하나님의 사자는 여호수아를 만났을 때 발에서 신을 벗으라고 하셨습니다. 우리는 이 세상에서 하나님의 말씀보다 자신의 생각이나 계획을 앞세우면 반드시 실패하게 되어 있습니다.

야고보 사도는 오늘이나 내일 어떤 도시에 가서 장사를 하여 돈을 벌어 보겠다고 계획하고 덤벼드는 사람들이 있는데 이 세상은 절대로 만만하지 않다는 것입니다. 즉 우리가 이 세상에서 성공하는 것은 쉽지 않습니다. 하나님이 도와주셔야 하고 하나님이 지혜와 기술을 주셔야 성공할 수 있는 것입니다. 그래서 야고보 사도는 우리 자신을 보라고 했습니다.

"내일 일을 너희가 알지 못하는도다 너희 생명이 무엇이냐 너희는 잠깐 보이다가 없어지는 안개니라"_약 4:14

우리는 의욕만 가지면 모든 것을 다 할 수 있을 것 같지만 사실 우리는 내일 일을 알지 못합니다. 우리의 생명은 잠깐 있다가 없어지는 안개와 같은 것입니다. 그래서 이 세상에서 아무리 높은 자리에 올라가고 아무리 많은 일을 해도 그가 죽는 즉시 그 사람의 모든 것은 잊히고 맙니다. 특히 사람이 나이가 들면 이 세상에 자기의 흔적을 남길 수 있는 방법은 명예뿐이라고 생각해서 권력이나 명예에 목을 매달지만 안개 같은 이 세상이 끝나는 즉시 그의 모든 인생은 지워지고 아무도 그를 기억하지 않게 됩니다. 그래서 내 인생이 없어지지 않고 영원히 남는 인생이 되려면 하나님의 뜻을 앞세워야 합니다.

"너희가 도리어 말하기를 주의 뜻이면 우리가 살기도 하고 이것이나 저것을 하리라 할 것이거늘"_약 4:15

우리는 주님의 뜻에 따라 살아가고 주님의 뜻이면 이런 일도 하고 저런 일도 합니다. 그런데 놀라운 것이, 주님이 하라고 해서 하는 것은 영원히 없어지지 않습니다. 그렇지 않고 나의 뜻을 앞세우고 내 의욕을 앞세운 것은 성공하지도 못할뿐더러 죽는 순간 무서울 정도로 빨리 잊히고 맙니다. 그러나 사람들은 자기 욕심대로 성공해서 그것을 자랑합니다.

"이제도 너희가 허탄한 자랑을 하니 그러한 자랑은 다 악한 것이라"
_약 4:16

사람들은 이 세상의 성공을 가지고 자랑하지만 하나님은 그런 성공을 대단하게 보지 않으십니다. 하나님은 우리가 영원한 보석이 되는 것을 원하시고 우리 안이 천사로 변하는 것을 원하시는 것입니다. 하나님은 우리에게 많은 일을 하라고 요구하지 않으셨습니다. 하나님이 기뻐하시는 것은 내 속을 하나님의 말씀으로 채우고 하나님이 하라고 하는 일을 조금 하는 것 뿐입니다. 그렇지 않고 영웅 대접을 받기 위해서 많은 일을 하면 하나님은 그에게 아무 가치가 없다고 말씀하십니다. 그는 안개 인생을 살았고 그가 한 일도 전부 안개처럼 없어질 것이라고 말씀하시는 것입니다. 결국 내 인생의 심판자는 나 자신이 아니고 하나님이십니다. 하나님이 오케이하셔야 성공한 인생이 되는 것입니다. 지금 이 세상에서 성공한 인생은 한 명도 없습니다. 왜냐하면 우리는 아직 시험을 치르고 있는 수험생 처지이기 때문입니다. 우리가 끝까지 최선을 다하고 목숨을 다해서 충성할 때 주님은 "잘 하였도다 착하고 충성된 종아"(마 25:21)라고 말씀하실 것입니다.

"그러므로 사람이 선을 행할 줄 알고도 행하지 아니하면 죄니라"_약 4:17

여기의 선은 어려운 사람을 도와주는 것을 말하지 않습니다. 이것은 나 자신을 하나님에게 맞추는 것입니다. 하나님은 내 생각이나 의지를 하나님의 뜻에 정확하게 일치시킬 때 내 인생을 가지고 하나님의 일을 하십니다. 이렇게 하나님께 사용된 인생, 하나님께 붙들려서 하나님이 뜻하신 것을 행한 인생이 영원한 상급으로 남게 됩니다.

운동선수가 운동을 잘하는 비결은 몸에서 힘을 빼는 것입니다. 즉 내 욕심이나 내 의지를 빼고 자연스럽게 몸을 움직일 때 좋은 결과가 나오는 것입니다. 반대로 좋은 성적을 올리려고 힘을 잔뜩 주면 아무것도 되지 않습니다. 여기에 믿음이 필요합니다. 우리가 하나님의 말씀을 믿고 하나님의 뜻을 믿고 나 자신을 맡길 때 아름다운 결과가 나타날 것입니다. 우리 모두 힘이 잔뜩 들어간 것을 빼고 기쁨으로 작은 것부터 충성하시기 바랍니다. 그때 우리에게 많은 열매가 있을 것입니다.

실천 14

Practicing Christian
인생의 함정

| 약 5:1-2 |

차들이 많이 달리는 넓은 도로를 밤에 건너려면 양쪽 방향을 잘 살펴보고 차가 오지 않을 때 건너야 합니다. 신호가 녹색으로 바뀌면 건너갈 수 있지만 밤에는 신호를 잘 지키지 않는 차들이 있고, 특히 비가 오는 밤에는 사람이 잘 보이지 않기 때문에 차가 정지하는 것을 보고 건너야 안전합니다.

우리가 인생을 살아가는 것은 마치 암초가 많은 바다를 항해하는 것과 같습니다. 그런데 한쪽 암초를 피하기 위하여 다른 쪽으로 배를 지나치게 몰면 반대쪽 암초에 부딪힐 수가 있습니다.

우리가 신앙생활을 하는 데 있어서도 양쪽에 암초가 있습니다. 그 중의 하나는 지나친 이상주의입니다. 특히 하나님의 백성은 너무나도 이상적이어서 현실을 잘 인정하지 않고 모든 것을 너무 이상적으로 생각합니다. 그러나 그런 이상주의자는 다른 사람들에게 광신주

의자로 오해를 받고 하나님도 잘 돕지 않으십니다. 어떤 분은 너무 이상에 치우쳐서 조금이라도 마음에 들지 않으면 맹렬하게 비판을 하는데 이런 분들은 자기 생각에 빠져서 하나님이 하시는 놀라운 일들을 보지 못하는 경우가 많습니다. 그리고 지나친 이상주의의 반대편에 있는 암초는 너무 현실에 집착해서 돈의 노예가 되고 세상의 종이 되어 인생의 방향을 잃고 부의 늪에 빠져서 죽어 가는 것입니다.

정글을 탐험하다 보면 사자나 표범 같은 맹수도 조심해야 하지만 또 발밑에 있는 늪도 조심해야 합니다. 발밑을 조심하지 않아서 늪에 빠졌다가는 헤어 나오지 못하고 꼼짝 없이 죽는 것입니다.

우리가 세상에서 돈에 빠지고 명예에 빠지고 쾌락에 빠지는 것은 정글에서 늪에 빠지는 것과 같습니다. 그러면 결국 거기서 빠져나오지 못하고 죽고 마는 것입니다.

사람이 성공을 거두려면 두 가지를 잘할 수 있어야 합니다. 그것은 인생의 바른길을 찾는 것입니다. 내가 영원히 살 뿐 아니라 이 세상에서 가치 있게 살고 또 즐겁고 보람 있게 살 수 있는 길을 찾는 것입니다. 그러고 난 후에는 누가 뭐라고 해도 그 길을 끝까지 가는 것입니다. 그런데 사람들이 인생의 길을 찾는 것은 아주 어려울 뿐 아니라 길을 찾았다 하더라도 결국 인기에 빠지거나 성적인 유혹에 빠지거나 돈에 빠져서 망하고 맙니다.

우리는 앞에서 지나친 이상주의에 빠지면 실패할 수밖에 없다는 것을 살펴보았습니다. 그런데 오늘 본문은 정반대로 현실에 너무 빠져 버리는 것도 마찬가지로 위험한 것이라고 말씀하고 있습니다.

1. 돈의 늪에 빠진 사람들

우리가 이 세상을 살아가려면 반드시 돈을 벌어야 합니다. 열심히 돈을 벌어야 생활도 하고, 헌금도 하고, 아이들을 학교에 보내고, 또 집을 삽니다. 그래서 자칫하면 우리는 돈 버는 것을 인생의 목표로 해서 살아가기 쉽습니다. 그래서 어떤 분은 돈을 벌기 위해 온갖 고생을 다 하고, 집을 사고 파는 방법으로 돈을 늘리기 위해 아예 이삿짐을 풀지 않고 살기도 합니다. 그렇게 해서 겨우 돈을 모아서 먹고 살 만하니까 이번에는 아내나 자신이 암에 걸려서 죽거나 혹은 교통사고로 사망하거나, 아니면 바람을 피워서 이혼을 하는 경우도 있는 것입니다. 이 사람들의 인생은 실패한 인생입니다. 그들은 돈만 모았지 가치 있는 일들은 하지 않은 것입니다. 즉 우리 인간은 이 세상에 살면서 가치 있는 것을 찾아야 하는데 이 사람들은 돈밖에 몰랐던 것입니다. 이 사람들은 돈의 함정에 빠진 것입니다.

"들으라 부한 자들아 너희에게 임할 고생으로 말미암아 울고 통곡하라 너희 재물은 썩었고 너희 옷은 좀먹었으며 너희 금과 은은 녹이 슬었으니 이 녹이 너희에게 증거가 되며 불같이 너희 살을 먹으리라 너희가 말세에 재물을 쌓았도다"_약 5:1-3

우리 인간이 보기에는 재산을 많이 모으고 돈을 많이 모은 사람이 가장 성공한 사람인 것 같습니다. 결국 사람이 늙으면 의지할 수 있는 것은 돈밖에 없습니다. 요즘 우리나라의 노인들은 대부분 가난하게 사십니다. 왜냐하면 돈을 많이 벌어 놓은 것도 아니고, 그렇다고 해서 연금이 많이 나오는 것도 아니기 때문입니다. 그런데 만일 어떤 사람이 사업을 크게 하거나 유산으로 받은 것이 많아서 돈이 많다면 그는 죽을 때까지 걱정할 것이 없을 것입니다.

본문에 보면 "들으라 부한 자들아 너희에게 임할 고생으로 말미암아 울고 통곡하라"라고 말씀하고 있습니다. 여기의 '부한 자들'은 어떤 사람을 말하는 것일까요? 이것은 이 사회에서 돈이 많거나 잘 사는 사람들을 말하는 것이 아닙니다. 성경 속의 인물 가운데 아브라함도 부자였고, 아리마대 요셉도 부자였고, 빌레몬도 부자였는데 그들을 다 나쁘다고 말하는 것은 아닌 것입니다.

여기서 부자라는 것은 오직 '돈'만을 목적으로 해서 산 인생을 말합니다. 즉 우리가 하나님을 믿는 믿음대로 살면 하나님께서 우리에게 물질적인 부를 주십니다. 사업에 성공하게 하시고, 유명하게 하십니다. 그러나 그런 것들은 하나님께서 부가적으로 주시는 것이지 본질적인 것이 아닙니다. 그런 것들은 모두 '더하여 주시는 것'이기 때문에 우리의 본질에 근본적인 변화를 가져오지 못하는 것입니다.

예를 들어 어떤 분이 학자로서 살아가는데 어떻게 하다 보니까 돈이 많이 생기게 되었다고 합시다. 그 사람은 자기 본연에서 벗어나지 않으면 여기에서 말하는 나쁜 부자가 아닙니다. 그리고 어떤 분이 공장을 차려서 열심히 일을 했는데 사업이 잘 되어서 돈을 많이 벌게 되었다고 합시다. 그런데 이 사람이 창업 당시의 정신을 잘 살려서 언제나 검소하고 열심히 일을 한다면 이 사람은 자기 인생을 열심히 산 착한 부자입니다. 그러므로 우리는 하나님 앞에서 나에게 주어진 길을 변질시키지 않고 끝까지 그 정신을 가지고 살아가야 합니다.

하나님께서는 우리 인간이 이 세상에 살면서 많은 보석을 캐게 하셨습니다. 그래서 어떤 사람은 공부로 성공하고, 어떤 사람은 사업으로 성공하고, 어떤 사람은 권력으로 성공합니다. 그런데 하나님은 이 세상에서 말로 표현할 수 없는 보물을 주셨는데 그것은 나 자신이 하나님 앞에서 지극히 가치 있는 사람이 되는 비결입니다.

　사람들은 가치가 없는 것처럼 보이는 나무나 돌이나 쇠를 가공해서 엄청난 부를 만들어 내었습니다. 그러나 그것이 좋다고 해서 거기에만 빠진다면 그 사람들의 인생은 함정에 빠진 것입니다. 하나님은 우리에게 하나님의 말씀을 맡기셨습니다. 우리가 이 말씀의 비밀을 캐내어서 내 속을 채울 때 나 자신이 하나님 앞에서 보물이 됩니다.

　그래서 하나님의 백성은 세상일을 열심히 해서 돈을 버는 것도 중요하지만 하나님의 말씀의 비밀을 캐내어서 속사람이 보물이 되는 것이 더 중요합니다. 그렇지 않으면 우리는 돈의 함정에 빠져서 허우적대는 것입니다.

　돈이라는 것은 하나의 기회요, 가치입니다. 우리가 돈을 중요하게 생각하고 열심히 일을 해서 돈을 버는 것은 돈이 그만큼 가치가 있기 때문입니다. 그런데 그렇게 열심히 일을 해서 벌어 놓은 돈을 가치 있게 쓸 줄 모른다면 그 돈은 아무 소용이 없습니다. 예를 들어 청년들은 젊고 시간이 많아서 가치가 있습니다. 노인에 비해 청년들은 힘이 있고 열정이 있어서 좋습니다. 그러나 젊은이들이 그 시간을 제대로 쓰지 못해서 게임이나 하고 노름이나 하면서 젊음을 보낸다면 그 젊음은 아무 가치가 없는 것입니다.

　그래서 어떤 분은 돈을 많이 벌고 난 후에 기부도 하고 자선사업도 하는데 그것은 안 하는 것보다는 좋은 것입니다. 그러나 그보다 더 중요한 것이 있는데 그것은 인생의 목표가 뚜렷하고 그것을 위해 돈을 아끼지 않는 것입니다. 그때 우리는 돈을 바르게 쓸 수 있는 것입니다.

> "너희 재물은 썩었고 너희 옷은 좀먹었으며 너희 금과 은은 녹이 슬었으니 이 녹이 너희에게 증거가 되며 불같이 너희 살을 먹으리라 너희가 말세에 재물을 쌓았도다"_약 5:2-3

본문 말씀은 사람들이 재물을 가지기만 하지 쓸 줄을 모른다는 것입니다. 그래서 사람들은 돈이나 옷이나 물건들을 하나도 쓰지 않고 모으기만 했는데 나중에 보니까 전부 썩어 있는 것입니다. 어떤 사람은 한평생 재물을 모았는데 뚜껑을 열고 보니까 재물이 모두 썩어 있었습니다. 그리고 좋은 옷을 한평생 많이 사 놓았는데 나중에 보니까 전부 좀이 먹어서 못 입게 되었습니다. 또 금과 은을 잔뜩 모아 놓았는데 나중에 보니까 변질되어서 아무 가치가 없게 되었습니다. 이 부자는 이 세상의 모든 것이 부패한다는 것을 몰랐던 것입니다. 특히 자기 인생이 늙어 가고 있고, 결국 자기가 죽어야 한다는 것을 몰랐던 것입니다. 그래서 이 사람은 돈을 모으고, 패물을 모으고, 재산을 모았는데 막상 자기가 늙고 병들어 죽게 되었을 때 그의 인생에는 가치 있는 것이 아무것도 없었던 것입니다. 그리고 "이 녹이" 그 증거가 될 것이라고 했습니다.

사람들은 이 세상에 있는 것이 전부인 줄 알고 그것을 모으기 위해서 한평생을 바칩니다. 그런데 하나님 앞에 서 보니까 모든 것이 녹슬어 있고, 지갑에는 곰팡이가 피어 있으며, 옷은 상표가 그대로 붙어 있는 채 구멍이 숭숭 뚫려 있는 것입니다.

3절 끝에 "너희가 말세에 재물을 쌓았도다"라고 했습니다. 다른 번역을 보면, "너희가 말세를 위하여 재물을 쌓았도다"라고 되어 있습니다. 그들은 자신의 마지막을 위하여 그렇게 했습니다. 즉 그들은 돈이 많으면 늙어서 편할 줄 알았던 것입니다. 그런데 그 돈들이 자신들의 인생을 지켜 주지 못하는 것입니다.

하나님께서 우리에게 원하시는 것이 무엇입니까? 그것은 이 세상에서 나 자신을 가치 있는 존재로 만들라는 것입니다. 그래서 사람들은 자기 인생을 가치 있게 만들기 위해서 공부를 많이 하기도 하는데 공부가 꼭 사람을 가치 있게 하는 것은 아닙니다. 또 어떤 사람은 색다른 경험을 위해서 직장을 그만두고 여행을 합니다. 물론 여행이 인생에 대하여 새로운 관점을 주는 것은 사실이지만 여행이 내 인생을 보물로 만드는 것은 아닙니다. 이 세상에서 최고로 가치 있는 것은 나 자신과 하나님의 말씀이 만나는 것입니다. 우리가 하나님의 말씀의 맛을 안다면 우리는 세상의 것으로 만족하지 못할 것입니다.

하나님이 우리에게 원하시는 것은 하나님의 말씀으로 속사람을 정금으로 만드는 것입니다. 그렇게 되면 우리 인생 자체가 보석이기 때문에 결코 우리 인생이 녹슬지 않습니다. 이 세상에서 최고로 귀한 일은 사람을 보석으로 만드는 것입니다. 그러면 그 사람이 가지고 있는 돈이나 재물이나 다른 것들도 썩지 않을 것입니다.

오늘 우리는 이 세상에서 성공하고 유명해지고 부자가 된 사람들을 부러워하고 있습니다. 그러나 성경은 그런 사람들이야말로 인생을 낭비하고 있는 사람들이며, 바른길에서 탈선해서 돈의 늪에 빠진 사람들이라고 말씀하고 있습니다. 그들은 자신의 인생을 전혀 쓸데없는 데 다 허비하고 그 많은 시간과 열정을 낭비한 사람들인 것입니다. 이 세상의 부자는 믿음의 부자이고 말씀의 부자입니다. 그러므로 이들의 그 화려한 인생은 지옥불에 닿자마자 다 타 버릴 것이라고 말씀하고 있습니다. 종이는 불에 탈 때 순식간에 번져서 금방 타 버리고 맙니다. 마찬가지로 이 사람들의 인생은 돈이 파먹고 명예가 파먹고 허영이 파먹어서 쓸 만한 부분이 전혀 없는 것입니다. 그러면 그들의 인생 전체는 퍼런 곰팡이로 뒤덮이는 것입니다.

2. 아름답지 못한 탐욕

우리가 이 세상에 살면서 느끼는 것은, 사람은 결코 만족을 하지 못하는 존재이기 때문에 가지면 가질수록 더 가지기 위해서 치사해지고 더 악해진다는 것입니다. 그래서 탐욕이 탐욕을 부르고, 욕심이 욕심을 부르는 것입니다.

> "보라 너희 밭에서 추수한 품꾼에게 주지 아니한 삯이 소리 지르며 그 추수한 자의 우는 소리가 만군의 주의 귀에 들렸느니라"_약 5:4

어떤 사람이 돈이 많아서 큰 농사를 지었습니다. 그는 분명히 자기가 거느리고 있는 일꾼들보다 잘사는 것이 틀림없고, 절대로 굶어 죽지 않을 것입니다. 그런데도 부자들은 대개 품꾼들에게 일을 시켜 놓고서도 제때에 품삯을 주지 않아서 품꾼들이 한탄을 합니다. 사람들은 모르지만 부자의 수중에 있는 품삯이 소리를 지르고 있는 것입니다.

왜 이 사람들은 굳이 '갑'이 되려고 했을까요? 왜 이들은 어차피 품꾼들에게 줄 돈이면 제때 주지 않고 질질 끌면서 애를 먹일까요? 그것은 바로 그의 가치관이 썩었고 잘못되었기 때문입니다.

우리가 이 세상에서 하나님의 말씀으로 부요한 자가 되었을 때에 남에게 줄 것이 있다면 신이 날 것입니다. 왜냐하면 나로 말미암아 다른 사람이 행복하게 되는 것이 하나님께 영광이 되고 내 기쁨이 되기 때문입니다. 그래서 '갑'이라고 하는 것은 참 좋은 것입니다. 그러나 사람이 악해지면 손톱만한 권한이 있을지라도 으스대지 않고는 견디지 못합니다. 그는 인생을 잘못 산 것입니다. 즉 부자는 부자다워야 하고 지식인은 지식인다워야 하는데 그런 그릇이 되어 있지 못한 것입니다. 그래서 부자인데 가난한 자보다 더 치사하고 졸렬하다면 그는 부자 자격이 없는 것입니다.

진정으로 멋진 부자가 되려면 나눌 것은 나누어 주어야 합니다. 그래야 다른 사람들에게 존경을 받고 하나님의 축복으로 더 큰 부자가 될 수 있습니다. 그리고 우리가 하나님의 말씀대로 살면 받을 것을 떼이는 경우가 있을 것입니다. 그때 상대방의 멱살을 잡고 싸우기보다는 손해를 감수해 가면서 살 수 있어야 합니다. 그래야 다른 사람들이 우리를 정말 멋진 부자라고 생각할 것입니다. 그러나 성경은 이 세상의 부자들을 가만히 보니까 남의 것을 가지고 부자 노릇을 하고 있더라는 것입니다.

기업가는 돈을 벌기 전에 먼저 사업을 하는 목적이나 가치관이 분명해야 합니다. 그래서 더 돈을 많이 벌 수 있어도 자신의 신념을 끝까지 지킬 때 사람들이 존경을 하는 것입니다.

"너희가 땅에서 사치하고 방종하여 살륙의 날에 너희 마음을 살찌게 하였도다"_약 5:5

사람들은 큰 잔치를 앞두고 돼지를 키웁니다. 실컷 먹이고 실컷 놀게 합니다. 그것은 그처럼 살을 찌워서 잔치 때에 잡으려는 것입니다. 줄 것을 주지 않고 받을 것은 무섭게 챙겨서 부자가 된 자의 행복은 잔칫날까지만 존재하는 행복입니다. 그 뒤에는 도살이 기다리고 있을 뿐입니다.

그리스도인 기업가나 상인은 철저하게 봉사 정신으로 임해야 합니다. 기업가는 직원이나 자기 물건을 사서 이용하는 사람들에게 최고의 서비스를 제공해야 합니다. 그렇게 하면서 이익이 생기는 것은 좋은 것이고 하나님이 주신 선물입니다. 특히 거래처 사람들이나 일하는 사람들이 가난한 자일 때에는 긍휼을 베풀어야 합니다. 그렇게 하면서도 그 기업이 잘되고 복을 받는 것은 하나님께서 축복하시는 것이고, 그 정신은 결코 썩지 않을 것입니다.

3. 아름답고 가치 있는 인생

이 세상에서 가장 귀한 사람은 진리로 인하여 고난받는 자들입니다. 이 사람들은 자기 길을 가고 있는 사람들이며, 사실 세상은 이런 사람들 덕분에 복을 받는 것입니다. 그래서 세상은 결코 의로 인하여 고난받는 자들을 무시하거나 업신여겨서는 안 됩니다. 그러나 이 세상에서 돈이나 성공만을 위하여 사는 사람들은 의를 위해서 고난받는 자들을 업신여기고 더 고통스럽게 합니다.

> "너희가 땅에서 사치하고 방종하여 살륙의 날에 너희 마음을 살찌게 하였도다"_약 5:5

사람들이 믿음 때문에 고난받는 자들을 대하는 태도를 보면 그 사람이 제대로 된 부자인지, 아니면 엉터리인지를 알 수 있습니다. 생각이 제대로 된 사람이라면 사람을 겉모습을 보고 판단하지 않습니다. 특히 자신의 신념과 신앙 때문에 얼마든지 잘살 수 있고 높아질 수 있지만 묵묵히 참고 견디면서 자기 길을 가는 사람의 가치를 알게 되는 것입니다.

적어도 사람이 하나님을 두려워한다면 신앙 때문에 일부러 고난의 길을 가고 어려운 길을 가는 사람을 세상의 싸구려 인생과 같이 취급하지 않을 것입니다. 그러나 이 세상에서 눈에 보이는 것만을 위해서 사는 사람은 입으로는 온갖 좋은 소리를 다 하면서 믿음으로 사는 사람을 낙심하게 하고, 실망하게 하고, 때로는 그들을 죽게 합니다.

바로 믿어 보려고 직장을 잃고 고생하는 사람은 정말 이 세상에서 떼돈을 번 사람보다 훨씬 가치가 있는 사람입니다. 그러나 오늘 세상은 입으로는 잘 믿는다고 하면서 그런 사람의 가치를 세상의 싸구려 부자나 기회를 이용하여 성공해서 철밥통을 끼고 있는 사람보다 무가치하게 생각합니다. 그리고 사람들은 그들을 정죄하고 비난하며 가소롭게 생각하고 우습게 압니다. 이것은 그들이 우리 주님을 심판하고 정죄하여 죽이는 것과 마찬가지입니다.

요즘 우리 성도들 중에는 신앙 때문에 어려움을 당하는 사람들이 많습니다. 때로는 직장에서 부정한 요구를 거절하여 실직하기도 하고, 믿음대로 살려고 애씀에도 불구하고 가난과 질병으로 고통당하는 분이 많이 계십니다. 이런 사람들은 참으로 가치 있는 사람이고 존경해야 하는 사람들입니다. 그러나 교회가 헌금을 많이 내라고 강요하기나 하고, 또 세상에서 성공한 것만 추켜세운다면 이런 사람들을 죽이는 것입니다. 그래서 목사의 중심이 바로 잡히는 것이 아주 중요한 것입니다. 이것은 사람을 죽이느냐 살리느냐 하는 것입니다.

우리 그리스도인들이 항상 긴장하면서 살아야 하는 가장 큰 이유는 우리가 이 세상을 사는 것으로 모든 것이 끝나는 것이 아니기 때문입니다. 언젠가는 우리 주님이 다시 이 세상에 오시는데 그때 주님 앞에서 모든 비밀이 드러나는 것입니다. 즉 인생의 성공과 실패는 우리 주님 앞에서 다 드러나게 됩니다. 그런데 우리는 그리스도가 언제 오실지 아무도 모르고 있습니다.

"보라 심판주가 문 밖에 서 계시니라"_약 5:9

이 말씀은 금방 문을 열고 들어올 듯이 대기하고 있는 상태를 말합니다.
주님이 다시 오신다는 것은 믿는 우리에게는 마치 수험생이 시험을 치르는 것과 같습니다. 이 사실은 우리로 하여금 늘 긴장하게 합니다. 주님이 다시 오시지 않는다면 지금쯤 우리는 아마도 하고 싶은 대로 하면서 살고 있을 것입니다.

"너희도 길이 참고 마음을 굳건하게 하라 주의 강림이 가까우니라"_약 5:8

우리는 스스로에게 질문해 볼 필요가 있습니다. '정말 내 신앙의 중심에 예수님께서 다시 오심을 기다리는 긴장이 있는가?'
야고보 사도는 성도들을 향하여 '심판자가 마치 문 밖에 서 계신 것처럼 하라'고 권면하고 있습니다. 긴장하는 것은 좋지만 오랫동안 긴장하고 있기는 어렵습니다. 그러나 신앙적인 긴장은 오랫동안 해야 합니다.

또한 야고보 사도는 교인들에게 기다리고 인내하되 농부처럼 인내하라고 충고하고 있습니다.

> **"보라 농부가 땅에서 나는 귀한 열매를 바라고 길이 참아 이른 비와 늦은 비를 기다리나니"**_ 약 5:7 하

농부는 언제나 기다리면서 인내합니다. 농부가 땅에 씨를 심었다가 싹이 나는 것을 참지 못해서 땅을 파헤치거나 줄기를 잡아당긴다면 싹을 틔우지도 못하고 죽을 수밖에 없습니다. 농부는 싹이 나지 않아도 기다리고, 열매가 빨리 자라지 않아도 기다리고, 또 벼가 빨리 고개를 숙이지 않아도 기다립니다. 그렇게 기다리다 보면 나중에 풍성한 결실을 거두는 것입니다.

농부는 믿음을 가지고 기다립니다. 즉 지금 눈에 보이는 것이 아무 것도 없지만 그는 자기가 알지 못하는 가운데 싹이 나고 꽃이 피고 열매가 맺힌다는 것을 믿는 것입니다.

가끔 가까이 있는 농촌에 가서 시골길을 걷다 보면 농사짓는 할머니 할아버지들을 만나게 됩니다. 그분들은 고령에도 불구하고 열심히 농사를 짓는데, 고추 모종을 심고 모내기를 하면서 고생을 많이 하십니다. 그 후 몇 달이 지나고 난 뒤에 보면 고추가 주렁주렁 달리고 벼도 상당히 자라 있습니다. 나중에 가을이 되면 풍성한 열매를 거두는데 그것은 다른 사람들은 가질 수 없는 축복인 것입니다.

우리는 믿음으로 씨를 뿌립니다. 그런데 씨를 뿌리기는 했지만 비가 오지 않으면 모든 것이 다 죽은 것 같습니다. 그래서 쓸데없이 시간만 낭비한 것 같아서 실의에 빠집니다. 그러나 하나님의 축복의 비가 오기만 하면 부흥이 일어나고 축복의 기적이 일어나는 것

입니다.

끝까지 참고 인내하면서 씨를 뿌린 농부는 많은 열매를 거둡니다. 그러나 비가 오지 않을 것이라고 생각해서 놀고먹은 농부는 빈손이 되고 말 것입니다.

우리는 너무 이해관계를 따지지 말고 옳다고 생각하는 것에 열심히 시간과 정력을 투자하시기 바랍니다. 그러면 자기가 알지 못하는 곳에서 엄청난 열매가 쏟아져 나올 것입니다. 특히 성경은 욥처럼 인내하라고 말씀하고 있습니다. 욥은 농사짓는 농부의 고난이 아니라 정반대되는 환난을 당했습니다. 즉 욥은 믿음으로 열심히 살았지만 하루 만에 재산이 다 없어지고, 자식들도 다 죽고, 자신의 몸에는 발바닥에서 정수리까지 종기가 생겨서 질그릇 조각을 가져다가 몸을 긁어야만 했습니다. 그리고 욥의 친구들이 찾아와서 욥에게 하나님을 제대로 알지 못했기 때문에 신에게 벌을 받는 것이라고 이야기하면서 지금이라도 그것을 시인하라고 했습니다. 그러나 욥은 자신의 믿음을 믿었고 하나님을 믿었습니다. 그 결과 욥은 하나님 앞에서 더 깊은 신앙을 체험할 수 있었습니다.

하나님은 하나님을 기다리는 자에게 무한히 자비로우신 하나님입니다. 하나님은 긍휼이 많은 분입니다.

하나님이 어려움을 주시는 것은 나를 유익하게 하고 더 풍성하게 하려는 것이지 망하게 하려는 것이 아닙니다.

성도 여러분, 마음을 굳게 하십시오. 세상으로 향하는 자신의 마음을 잡아매어서 돈에 빠지지 않고 바른 믿음으로 살아갈 때 하나님은 모든 것을 더하여 주실 것입니다.

실천 15

Practicing Christian
기도는 최고의 능력

| 약 5:13-14 |

요즘 정부나 기업에서 회의를 하거나 물건을 주문할 때 직접 만나서 대화를 하는 경우도 있지만 통신으로 주고받는 경우가 점점 많아지고 있습니다. 예를 들어 비행장에서 비행기가 이륙하고 착륙하는 것이나 부두에서 배가 출항하는 것 등은 모두 통신 시스템의 통제를 받습니다. 특히 군인들이 전투를 할 때 어느 곳을 공격한다든지, 아니면 미사일을 발사하는 것도 전부 통신에 의해서 이루어집니다.

또한 요즘은 대기업체 안에서 사장단 회의나 간부회의를 할 때에도 사장단이 다 모이는 것이 아니라 각자가 있는 곳에서 화면을 켜놓고 화면을 통해서 보고하고 지시를 하는데 이렇게 함으로써 시간과 노력을 절약할 수 있습니다.

그리고 오늘 사람들은 어떤 자료를 참고하고자 할 때 자료가 있는 곳을 찾아가서 복사할 필요가 없습니다. 스마트폰이나 컴퓨터를 통해 앉아 있는 곳에서 필요한 자료를 전부 다운받을 수 있기 때문입니다.

그런데 이 통신이라는 방법을 가장 먼저 사용하신 분이 바로 하나님입니다. 하나님은 지극히 높은 하늘에 계시고 우리는 이 세상에서 아주 작은 능력을 가지고 하루하루를 살아가고 있습니다. 그런데 하나님께서는 우리 믿는 자들에게 통신을 통해서 하나님의 어마어마한 능력을 끌어와서 쓸 수 있도록 하셨습니다. 삼손은 직접 하나님의 능력을 끌어와서 쓸 수 있었는데 힘으로는 당대에 삼손을 당할 자가 아무도 없었습니다. 모세도 통신으로 하나님의 능력을 끌어다 썼는데 개구리와 파리 떼와 메뚜기 떼를 오게 하고, 하늘에서 불우박이 떨어지게 했습니다. 엘리야 같은 경우에는 기도를 통해서 하늘의 문을 열었다가 닫았다고 할 수 있습니다.

여기서 우리가 알 수 있는 것은, 하늘에 축복의 문이 있는데 하나님의 백성은 기도를 통해서 그 문을 열 수도 있고 닫을 수도 있다는 것입니다. 다시 말해서 하나님의 백성이 하나님을 믿지 않는 자들과 다른 점은 바로 이 통신의 방법으로 하나님의 능력을 끌어올 수 있다는 것입니다. 야고보 사도가 성도들에게 굳이 돈을 많이 모으려고 하지 말라고 한 것이나 세상을 사랑하거나 따라가지 말라고 한 것은 바로 기도를 통해서 하나님의 능력을 끌어올 수 있기 때문입니다. 다시 말해서 우리 믿는 자들이 이 세상에서 자기의 힘이나 자기의 지식으로 이기려고 하는 것은 어리석은 짓입니다. 이것은 마치 부대에 엄청난 무기와 장비가 있는데 군인들이 자기의 돈이나 물건을 가지고 적을 물리치려고 하는 것과 같은 것입니다. 제2차 세계대전 때 결국 이기는 쪽은 미군을 자기편으로 만드는 쪽이었습니다. 그런데 오늘 이기는 자는 하나님을 내 편으로 만들고 하나님의 능력을 내 것으로 만들 수 있는 사람인 것입니다.

1. 기도할 수 있는 자격

입시철이 되면 수험생 부모님들은 모두 기도를 하는데 불교 신자들은 절이나 바위 밑에서 기도를 하고, 예수 믿는 사람들은 교회에 가서 기도를 합니다. 물론 사람들은 어려운 일이 있을 때 자신의 종교를 가지고 기도할 수 있습니다. 그런데 우리가 알아야 할 것은, 우리를 어려움에서 도울 수 있는 분은 오직 천지를 창조하신 창조자 하나님뿐이라는 것입니다. 온 세상을 창조하시고 우리를 능히 도울 수 있는 하나님은 성경에서 말씀하시는 그 하나님 한 분밖에 안 계신 것입니다. 예수 믿지 않는 사람들은 이것을 믿을 수가 없습니다. 그러나 그것은 어쩔 수가 없습니다. 왜냐하면 믿음이라는 것은 모든 사람이 가질 수 있는 것이 아니기 때문입니다. 그래서 사람들이 어려움에 빠지면 다 기도를 하려고 하지만 사실 제대로 기도할 수 있는 사람들은 예수 믿는 사람밖에 없습니다.

전에 어떤 분이 건강이 악화되어서 가족들을 모이게 한 뒤에 기도를 하자고 했습니다. 그런데 그 집 식구들이 기도할 줄을 모르는 것입니다. 아무도 기도를 해 본 적이 없었습니다. 특히 이렇게 누군가가 병들어 죽어 갈 때 기도하는 법을 몰랐던 것입니다. 그래서 그 식구들은 당황해하면서 "기도는 어떻게 하는 거예요?"라고 물었습니다. 그래서 저는 아무 걱정하지 말고 그냥 내가 하는 대로 따라 하면 된다고 하면서 그분을 위해 간절히 기도했습니다.

그 후에 그분은 병석을 털고 일어났습니다. 그때 죽음에서 살아난 그분이 말하기를, 자기가 막 죽으려고 하는데 어떤 힘이 자기를 지켜주었다고 했습니다. 그리고 그것이 바로 기도의 힘이라고 고백했습니다. 그러고 난 뒤에 그분의 가족들도 기도의 능력을 믿게 되었습니다.

세상 사람들도 기도하고 싶을 때가 있습니다. 그때는 개인적으로나 자기가 속한 집단에 큰 어려움이 닥쳤을 때입니다. 그러나 그들은 자기 스스로 기도하는 법을 모르기 때문에 무당을 찾아가거나 점쟁이를 찾아갑니다. 그런데 하나님께서는 모든 예수 믿는 자들에게 기도할 수 있는 자격을 주셨습니다.

그러므로 우리는 오해하지 말아야 합니다. 누구든지 예수 믿는 사람들은 다 기도할 자격이 있고, 특별한 자격이 있는 종교인이 기도를 해야 효력을 가지는 것은 아닌 것입니다.

5장 17절에 "엘리야는 우리와 성정이 같은 사람이로되 그가 비가 오지 않기를 간절히 기도한즉 삼 년 육 개월 동안 땅에 비가 오지 아니하고"라고 했습니다. 즉 엘리야가 기도를 하면 하늘에서 비가 오지 아니하고 엘리야가 다시 기도를 하면 하늘에서 불이 떨어졌던 것은 그가 우리와 다른 종류의 사람이기 때문이 아니라는 것입니다. 엘리야는 우리와 똑같은 사람이었습니다.

여기서 '성정이 같다'는 것은 우리와 똑같이 인간이라는 뜻입니다. 참으로 하나님 앞에서 놀랍게 사용되었던 사람들을 보면 우리와 별로 다를 것이 없는 사람들이었습니다. 오히려 그들은 우리보다도 약한 점이 많았습니다. 그들을 보면, '도대체 저런 사람이 어떻게 하나님의 일을 할 수 있을까?'라고 생각될 정도로 약한 사람들이었습니다. 그런데 그들은 하나님의 능력을 기도로 끌고 올 수 있는 능력을 가지고 있습니다.

엘리야는 이세벨이 자기에게 사신을 보내 하루 이내에 반드시 죽이겠다고 하자 겁에 질려 광야로 도망을 쳐서 로뎀나무 아래에서 죽기를 원했습니다. 그런데 엘리야에게는 다른 사람이 흉내 낼 수 없는 능력이 있었습니다. 그것은 바로 기도의 능력이었습니다.

기드온은 겁이 많고 지나치게 소심한 사람이었습니다. 그런데 기드온은 십만 명이 넘는 적이 쳐들어왔을 때 3백 명으로 적을 다 물리쳤습니다. 무엇이 기드온과 그 3백 명을 수많은 적들을 물리치는 강한 용사로 변하게 했을까요? 그것은 바로 기도였습니다. 기드온은 기도하는 가운데 서서히 전혀 다른 사람으로 만들어지고 있었습니다. 기도하면서 기드온의 마음속에 있던 두려움은 점차 물러가고 놀라운 하나님의 능력이 채워진 것입니다.

우리가 많이 오해하고 있는 것 중에 하나가 기도는 뭔가 특별한 사람이 한다는 것입니다. 물론 기도는 특별한 사람이 하는 것이 맞습니다. 그러나 우리 모든 크리스천은 하나님 앞에서 특별한 사람들인 것입니다. 우리가 믿음으로 의롭다 함을 받은 것은 하나님 앞에 직접 나가서 기도할 수 있는 자격을 가진 것입니다. 하나님께서 붙들어서 사용하신 사람들은 모두 지극히 평범한 사람들이었습니다. 그러나 그들은 기도 시간을 통하여 하나님의 강한 병기로 만들어졌습니다. 엘리야는 평범한 사람이었습니다. 기드온은 너무나도 소심한 사람이었습니다. 그러나 그들은 기도하는 가운데 어떤 마귀도 이길 수 있는 무서운 하나님의 사람으로 변했던 것입니다.

또한 우리는 기도를 하나님께 내가 필요한 것을 말하고 나는 아무것도 하지 않는 것으로 생각합니다. 그런데 내가 아무것도 하지 않는 시간에 적이 공격을 해 오면 어떻게 합니까? 우리가 아무것도 하지 않는 시간에 나쁜 사람들이 모든 것을 다 가져가 버리면 어떻게 합니까? 그러나 기도는 아무것도 하지 않는 시간이 아닙니다. 기도는 우리 인간이 할 수 있는 가장 위대한 것입니다.

어떤 분은 직장을 얻지 못하고 있을 때에 열심히 말씀을 듣고 기도했습니다. 그런데 친한 친구가 "요즘 뭐하니?"라고 물었을 때 그는 "나 요즘 놀면서 아무것도 안 해"라고 대답했습니다. 그러나 그렇게 말한 것은 틀린 것입니다. "요즘 나는 인간이 할 수 있는 일 중에서 가장 위대한 일을 하고 있어"라고 대답해야 하는 것입니다. 사람이 할 수 있는 일 중에서 가장 위대한 일이 하나님의 말씀을 듣는 것이고, 또 하나님께 기도하는 것입니다.

기도는 하나님의 보좌를 움직이는 것입니다. 우리나라에서도 자기 혼자 이리 뛰고 저리 뛰는 것보다는 국회에서 법을 제정하는 것이 훨씬 효과적이고, 대통령이 결심을 하게 하는 것이 훨씬 효과적일 것입니다. 우리가 기도하는 것은 하나님으로 하여금 결심하시게 하는 것입니다. 하나님이 결심을 하시면 온 세상 나라가 일어나서 덤벼들어도 이길 수 없는 능력을 가지게 됩니다. 사탄의 세력이 벌떼같이 덤벼들어도 기도하는 사람을 이길 수 없는 것입니다.

2. 기도의 내용

우리가 기도할 때에 가장 어려운 것 중에 하나가 다른 사람들은 기도를 아주 오래 하는데 나는 기도할 거리가 별로 없다는 것입니다. 즉 다른 사람들은 밤새 기도를 하는데 나는 일 분만 기도해도 밑천이 다 떨어져 버리는 것입니다. 우리는 그것에 대하여 걱정할 필요가 없습니다. 왜냐하면 하나님은 기도를 오래 해야 들어주시는 분이 아니기 때문입니다. 하나님에게는 우리가 기도하는 것 자체가 중요합니다. 그러므로 우리는 기도를 꼭 오래 하려고 할 필요가 없습니다. 그냥 간절한 마음으로 진실하게 기도하면 되는 것입니다.

"내 형제들아 무엇보다도 맹세하지 말지니 하늘로나 땅으로나 아무 다른 것으로도 맹세하지 말고 오직 너희가 그렇다고 생각하는 것은 그렇다 하고 아니라고 생각하는 것은 아니라 하여 정죄받음을 면하라"_약 5:12

옛날에는 어떤 중요한 일을 하려고 할 때에 사람들이 믿어 주지 않으면 맹세를 했습니다. 하늘에 맹세하기도 하고 땅이나 자기 목숨을 두고 맹세할 때도 있었습니다. 그러나 우리 예수 믿는 사람들은 그런 맹세를 할 필요가 없습니다. 왜냐하면 우리가 하는 말을 하나님이 다 듣고 계시기 때문입니다.

우리 그리스도인들이 하는 모든 말이나 생각은 기도라고 생각하면 좋습니다. 우리는 때로 전화 통화만 했는데도 그것이 그대로 응답될 때가 있고, 어떤 때에는 자기 혼자 생각만 했는데도 그것이 놀랍게 이루어질 때가 있습니다. 여기에 보면 '맹세하지 말라'는 말씀이 나옵니다. 사람들은 일상적인 기도로는 효력이 없는 것 같으니까 하나님 앞에서 맹세를 합니다. 그러나 성경은 함부로 맹세하지 말라고 말씀하십니다. 왜냐하면 맹세가 하나님의 뜻을 앞설 수 있기 때문입니다. 우리는 하나님이 우리에 대하여 선한 뜻을 가지고 계시다는 것을 믿어야 합니다.

그런데 왜 기도가 응답이 안 되는 것일까요? 가장 중요한 이유가 하나님과 나의 주파수가 맞지 않기 때문입니다. 비밀 금고의 문을 열려고 해도 비밀번호가 맞아야 열립니다. 심지어는 스마트폰을 사용하려고 해도 비밀번호를 제대로 입력해야 합니다. 마찬가지로 우리가 하나님께 기도할 수는 있지만 하나님과 나 사이의 비밀번호가 맞아야 하고 주파수가 맞아야 응답이 됩니다.

사실 우리가 신앙생활을 하면서 가장 어려운 것이 바로 이것입니다. 사람들이 듣기에 그럴듯하게 기도할 수는 있지만 하나님의 마음을 움직이는 기도를 하려면 안 되는 것입니다.

우리 사회에는 언제부터인가 정치인들이나 운동권 사람들이 떼를 쓰는 것이 관습이 되어 버렸습니다. 그래서 무엇이든지 생떼를 쓰기만 하면 국회도 통하고 정부도 통하는 것입니다. 그러나 하나님 앞에서는 그런 생떼가 통하지 않습니다. 이것을 알아내는 것이 나도 살고, 교회도 살고, 기독교 전체가 욕을 먹지 않는 가장 중요한 비결인 것입니다. 지금 교회들은 비대해져 있고 기독교인들의 수는 엄청난데 이 비밀을 모르니까 안 되는 것입니다.

이스라엘 백성이 출애굽한 후 시내 산까지 갔지만 이스라엘 백성은 하나님께 나아갈 수가 없었습니다. 왜냐하면 우레와 번개와 나팔소리와 함께 산에 연기가 자욱했는데 거기에 올라가면 다 죽을 것이 분명했기 때문입니다. 그래서 이스라엘 백성은 감히 하나님께 나아가지 못하고 모세를 통해서 하나님의 말씀을 들었습니다. 우리는 하나님께 억지로 몰려가서 데모하듯이 우리의 요구를 전달할 수 없습니다. 야고보 사도는 아무것도 모르면서 맹세하지 말라고 말을 했습니다.

우리에게는 하나님의 응답을 체험하는 것이 최고로 어려운 것입니다. 교회는 교인들의 수를 불리거나 예배당 건물을 크게 짓거나 목회자 자신이 유명해지기 이전에 이 비밀을 풀어야 합니다. 이것이 풀리면 모든 것이 풀리게 되어 있습니다. 그러나 이것이 되지 않으면 교회가 아무리 크다 해도 샘이 없는 우물이 되고 마는 것입니다. 우리는 개인적으로도 이 비밀을 풀어야 합니다. 교회도 이 비밀을 풀어야 교인들을 살릴 수 있습니다.

우리가 정말 기도 응답을 받으려면 하나님의 말씀에 모든 것을 걸어야 합니다. 그래도 금방 응답이 오고 부흥이 오는 것은 아닙니다. 그럼에도 우리는 끝까지 믿고 기다려야 합니다. 그러면 어느 순간 하나님과 우리의 주파수가 맞아 들어가게 됩니다.

우리는 많은 경우 무엇을 두고 기도해야 할지 모르기 때문에 어려움을 느낍니다. 또 우리는 기도하면서 어떤 것이 내 욕심이며 어떤 것이 하나님의 뜻인지를 알지 못해서 기도하지 못하는 경우가 생기기 시작합니다. 그러나 그것은 걱정할 필요가 없습니다. 우리는 모든 것을 두고 기도하면 됩니다. 하나님께서는 우리가 모든 것을 두고 기도하기를 원하십니다.

사랑하는 사람 사이의 특징이 시시한 것을 가지고 얼마든지 이야기할 수 있다는 것입니다. 우리는 너무 대단한 것을 가지고 기도하려고 하기 때문에 기도가 잘 되지 않습니다. 그러나 우리가 하나님을 사랑한다면 시시한 것들까지도 다 내어놓고 기도할 수 있습니다. 사람들이 자기 아내나 남편과 이야기하는 것들은 대개 시시한 것들입니다. 그러나 다른 사람들은 시시하게 생각하는 것들을 부부 간에는 진지하게 이야기할 수 있습니다. 기도의 내용이 반드시 거창할 필요가 없습니다. 우리는 무엇이든지 하나님께 기도할 수 있는 것입니다.

사람들은 평소에 기도를 잘 하지 않다가 막상 어려움을 당해서 기도를 하려고 하니까 기도가 응답될지 안 될지 걱정을 합니다. 그러함에도 기도하는 것은 잘 하시는 것입니다. 우리는 일단 기도부터 해야 합니다.

우리는 때때로 어려움이 찾아왔는데도 불구하고 금방 응답이 되지 않아서 기도의 능력을 의심할 때가 많습니다. 그러나 금방 응답이 오지 않는 것은 하나님의 더 크신 뜻이 있기 때문입니다. 그래서 한두 번 기도하고 응답이 없다고 해서 기도를 포기해서는 안 됩니다.

우리는 기도한 후에는 그 문제를 하나님께 맡기고 내가 할 수 있는 최소한의 일을 열심히 해야 합니다. 우리의 기도가 하나님께 강요하는 기도가 되어서는 안 됩니다. 어떤 분은 기도하면서 "하나님, 내일 정오까지 응답이 없으면 저는 알아서 하겠습니다"라고 하면서 하나님을 협박하고 강요합니다. 우리는 연약한 인간이기 때문에 기도하면서 자기가 원하는 것을 다 말씀드릴 수 있습니다. 그러나 기도한 후에는 하나님께 맡겨야 합니다.

3. 고난은 기도할 때

"너희 중에 고난당하는 자가 있느냐 그는 기도할 것이요 즐거워하는 자가 있느냐 그는 찬송할지니라"_약 5:13

예수 믿는 사람들에게 고난이 오는 것은 기도하라는 뜻입니다. 우리는 고난이 왔을 때 왜 이런 고난이 왔을까 하고 생각합니다. 우리는 처음에는 왜 이런 고난이 왔는지 이해가 되지 않을 때가 많습니다. 그러나 고난은 우리에게 반드시 유익한 것입니다.

우리 예수 믿는 사람들이 당하는 고난은 크게 세 가지로 볼 수 있습니다. 그 중의 하나가 육체적인 질병입니다. 육체적인 질병은 일단 몸이 아프니까 고통스럽습니다. 병이 깊어지면 죽을 수도 있는 것입니다. 그러나 병이 나을 때 하나님의 사랑을 가장 많이 체험합니다. 그래서 좀처럼 예수를 믿으려고 하지 않던 사람들도 병이 낫는 체험을 통해서 예수를 믿는 것을 많이 볼 수 있습니다.

둘째는 경제적인 파산입니다. 직장을 잃거나 사업에 실패하면 돈이 없기 때문에 아무것도 할 수가 없습니다. 돈이 없기 때문에 사람을 만날 수도 없고 죄를 지을 수도 없습니다. 우리는 이런 어려움을 통하여 돈이나 직장을 의지하지 않고 하나님을 의지하는 법을 배우게 됩니다.

셋째는 사람으로 인하여 욕을 먹고 핍박을 당하는 것입니다. 특히 크리스천들은 자존심이 아주 강한 사람들입니다. 그래서 크리스천들은 이처럼 다른 사람에게 공격을 당하고 핍박을 받는 것을 견디기 어려워합니다. 그러나 이런 일을 통해서 우리는 모난 성격이 둥글게 깎이고 겸손의 미덕을 가지게 됩니다.

본문은 고난 중에 있는 성도들에게 하나님께 기도하라고 말씀하십니다. 그 이유가 무엇일까요? 우리가 고난을 당할 때 하나님께서는 믿음을 주시고 우리의 속사람을 정금으로 만들어 주시기 때문입니다. 이것이 최고의 복입니다. 그리고 우리가 고난 중에 하나님의 말씀을 붙잡을 때 하나님의 말씀이 살아 있는 말씀이 되고, 그 말씀을 듣고 믿을 때 부흥이 일어납니다. 우리는 기도 응답만 확실하다면 이 세상에서 두려워할 것이 없을 것입니다.

그래서 우리는 절대로 자포자기 상태에 빠지면 안 됩니다. 왜냐하면 고난에는 하나님의 선한 뜻이 있고 반드시 끝이 있기 때문입니다. 아무리 끝이 없을 것 같은 고난도 반드시 끝이 있습니다. 그 고난이 끝나고 영광의 찬송을 부르려면 절대로 자포자기 상태에 빠지면 안 됩니다.

또한 즐거운 일이 있는 자는 찬송을 해야 합니다. 왜냐하면 그렇지 않으면 자기 자신에게 영광을 돌리게 되기 때문입니다. 이것은 결국 자기도취에 빠지는 것이고 술 취한 것과 똑같은 것입니다. 우리는 그런 경우가 많이 있습니다. 어려움을 잘 견디다가 좋은 결과가 나왔을 때 자만에 빠져서 하나님께 영광을 돌리지 않고 자기 자신에게 영광을 다 돌려 버리는 것입니다. 그것은 망령된 일이요, 완전히 헛수고한 것입니다. 나에게 즐거운 일이 있을 때 영광을 가로채지 않도록 주의해야 합니다. 사람들이 나를 통하여 하나님을 볼 수 있도록 비켜서야 합니다.

"너희 중에 고난당하는 자가 있느냐 그는 기도할 것이요 즐거워하는 자가 있느냐 그는 찬송할지니라"_약 5:13

우리는 병에 걸리면 무조건 병원으로 달려가서 의사의 치료를 받아야 하는 것으로 생각합니다. 물론 우리는 그렇게 해야 합니다. 목사들도 병에 걸리면 의사의 도움을 받아야 하고, 의사 자신도 병에 걸리면 다른 의사의 도움을 받아야 합니다.

그러나 모든 병이 단순히 감염이나 신체적인 이유만이 있는 것이 아닙니다. 거기에는 신앙적인 문제도 있는 것입니다. 그래서 우리는 병이 들면 물론 병원에 가야 하지만 기도하는 것을 잊지 말아야 합니다. 그러면 반드시 자신의 신앙에 고쳐야 할 부분이 있다는 것을 알게 됩니다. 우리가 그것을 고쳐 가면서 기도할 때 질병은 우리 신앙에 큰 유익을 끼치게 됩니다. 즉 우리는 병을 통해서 하나님을 더 가까이 체험하게 되고, 더 큰 축복을 받게 되는 것입니다.

"믿음의 기도는 병든 자를 구원하리니 주께서 그를 일으키시리라 혹시 죄를 범하였을지라도 사하심을 받으리라 그러므로 너희 죄를 서로 고백하며 병이 낫기를 위하여 서로 기도하라 의인의 간구는 역사하는 힘이 큼이니라"_약 5:15-16

우리가 모두 합심하여 기도하면서 서로 자기가 지은 죄를 자백할 때에 한꺼번에 병이 낫는 경우도 있습니다. 그리고 부흥이 일어나면서 나라가 살고 민족이 살게 됩니다.

지금은 기도할 때입니다. 사람들은 우리에게 일어난 일들에 대하여 잘잘못을 따지느라고 난리를 치지만 가장 중요한 원인은 하나님이 이 나라 이 백성을 축복하지 않으시기 때문에 이런 일이 일어나는 것입니다. 다시 말해서 하늘의 축복의 문이 닫히고 있는 것입니다. 의인의 기도는 하늘 문을 열 수 있습니다. 우리가 할 수 있는 것은 하늘에 있는 축복의 문을 열어서 다시 사람들의 정신이 온전하게 되고 부지런하게 되고 정직하게 되어서 축복받은 민족이 되는 것입니다. 그러므로 우리 모두 기도의 비밀을 푸시기 바랍니다. 세상 것을 서로 차지하겠다고 싸우는 자들이 되지 말고 하나님의 능력이 오게 하는 용사들이 다 되시기 바랍니다.